まちゼミ

頼りにされるお店と
街をつくる方法

松井洋一郎 著
山本明文 取材・構成

みんなのまちゼミ

JN066144

学芸出版社

はじめに　お店とまちのファンを増やすコミュニケーション事業

まちゼミの勢いがとまりません。

店主や店のスタッフたちが講師となって、地域の消費者を対象に行う無料講座、まちゼミが始まって20年。まちゼミは、いま全国47すべての都道府県へ広がり、450地域の約2千の商店街で取り組まれています。参加している店舗は推定3万店におよびます。

厳しい状況にさらされている全国の商店街ですが、まちゼミに取り組むことで、店には再びお客様が訪れるようになり、店主やスタッフは元気を取り戻しました。地域に根を張る事業者のみなさんが、頼りにされるお店になろうと、意欲と気力を振り絞り、地域全体の活気を高めようとしていったのです。

かく言う私の地元、愛知県の岡崎がまさにそのような状況です。

かつての岡崎の中心市街地では、閉店、撤退する店が相次いでいました。どんな手を打ってもその流れを変えることができず、このまま商店街はなくなってしまうのだろうかと、私自身、首をうなだれる思いをしたことは一度や二度ではありませんでした。

しかし、そんな憂いを一掃させてくれたのがまちゼミでした。

2003年、愛知県の岡崎で初めてまちゼミが行われた時、参加した店舗はわずか10店、受講者は190人でした。

それから20年が経った2023年春現在、岡崎まちゼミに参加する店は100店以上、受講者は1000人を超えます。まちのにぎわいの復活は、もちろんまちゼミだけの成果ではありませんが、あれだけ空き店舗が目立ち、寂しかった岡崎の商店街に、新しい店がオープンし始め、いつしかかつての人通りが復活してきたのです。

店主やスタッフの多彩な努力、地域産業の復興を支えてきた自治体の人々、まちづくりを仕事とする人たち、もちろん住民のみなさん……。地域を思うあらゆる人たちの、あらゆる努力と取り組みの末に成し遂げたことです。

しかし、その中でも、まちゼミが大きく貢献してきたことは間違いありません。

まちゼミによって「商売の面白さを思い出した」という店主やスタッフたちが続々と現れました。直接、消費者の方々と触れ合う機会ができたことで、各店では、品揃えを変えたり、売場を新しくしたり、サービスを工夫し始めました。あれもこれもやりたいと、店主たちにとってやりたいことはどんどん膨らみ、実際にお客様が来店するようになり、売上もあがっていきました。

まちゼミの開催のため店どうしで連絡を取り合うようになると、みな、自分の店だけでなく、商店街全体のことを、気にかけ始めました。図書館や小中学校などとの付き合いも始まり、みな、まち全体、地域全体のことを考え始めたのです。

そしてみな、この地域で自分がなぜ店を開き、商売を続けているのか。その意味を考えるようになりました。

地域全体を見る目を持つようになった店主たちは、「まだまだやれることがある」ことに改めて気づきました。そうして、やればやるほど、地域での店と自分の役割を理解していったのです。

引退しようと考えていた店主が、まちゼミに取り組むことで、もう一度、商売をやってみようかと考え直しました。まちゼミを機会に、それまでやったことのなかった新しい分野の商売を始めた人もいます。まちゼミに取り組む店主たちに背中を押され、新しく店を開業した人もいます。後継者が現れた店もあります。店主はうれしそうに若い後継者に仕事を教えています。

２０１９年末から世界的な流行を見せた新型コロナウイルス感染症は、店内で講座を開くことを基本としていたまちゼミにとって大きな打撃をもたらしました。実際、全国の４割ほどのまちゼミが、開催を取りやめたり、延期したりしました。

しかし、だからといってみなあきらめたわけではありませんでした。感染対策のために活発に情報交換をし、人を集めなくともできる方法はないかと必死で考えました。知恵を絞って生まれたのがオンラインまちゼミです。Ｚｏｏｍを使って講座を行うのです。

まちゼミの受講者の多くの方は60代、70代の方です。講師を務める人たちだって高齢の方はたくさんいます。「本当にできるのだろうか」という不安でいっぱいでしたが、現実は「案ずるより産むが易し」です。各地でＩＴに強い人たちを中心にみな勉強を始めると、店主もスタッフも受講者もＺｏｏｍを使いこなせるようになりました。以前から、全国の商店街ではまちゼミの連絡のためにフェイスブックが使われていましたが、コロナ禍により、いっそうネットのツールの利用にはずみがついたのです。

ネットを使えば遠方の人たちともたやすくコミュニケーションがとれると気づいた店主たちは、さらに地域の輪を広げ、各地で地域連携を始めました。各地で同じような取り組みが広がっていった結果、２０２１年秋、ついに「全国一斉まちゼミ」が実現しました。一定期間に、全国各地でいっせいにまちゼミを行う企画です。まだコロナ禍により、世の中には不安が渦巻いている中での開催でした。

コロナはまちゼミにとって絶体絶命のピンチでしたが、まちゼミをやめたくない、諦めたくないと知恵を絞りに絞った事業者たちが、大きなチャンスに変えたのです。まちゼミは一躍、世の中に知られ、大きく飛躍することになりました。

いまこの瞬間でも、まちゼミはどんどん進化しています。

本書では、前半は、まちゼミを実践するための基本的な原則から始め、後半には、現実に起きている成果、最新の取り組みをお伝えしていきます。また、最終章では、新型コロナという大きな壁が立ちはだかる中、「全国一斉まちゼミ」実現のために関わった人たちの奔走の様子をお伝えします。

まちゼミに取り組むことで私自身大きく変わりました。全国を飛び回り、各地のまちゼミ関係者とお会いするたびに大きな刺激を受けます。各地では実に多様な取り組みがなされていますが、それでもどんどん新しいことが始まっているのです。

まだまだやれることはある。私自身、全国でまちゼミに取り組む方々にお会いするたびにそう気づかされます。そんな私の驚きや興奮も、本書を通してお伝えできれば幸いです。

これからまちゼミを始めようとしている方も、また、すでに何度もまちゼミを経験してきた方も、ぜひ、本書に目を通していただければと思います。まちゼミが持つ大きな可能性に、改めて気づいていただけるに違いありません。

そして、あなた自身が発火点となり、店を変え、まちを変え、地域を変えていく、そんな一人にぜひなってください。ともに手を携え、店を、地域を変えていきましょう！

２０２３年秋　　**松井洋一郎**

目次

第Ⅰ部　入門篇

～まちゼミで商売の面白さを再発見しよう～

第1章　まちゼミを知ろう

まちゼミはこうして生まれ、形作られた

期間限定の店主による多様な講座

1ヵ月から1ヵ月半という期間を定め、地域のお店や事業者が独自の講座を開くのがまちゼミです。受講料は原則無料。地域の人たちにチラシで周知して予約を受け、数人の受講者を集めて、店の中で1時間ほどの講座を開きます。

テーマはなんでもありです。

まず、各お店、事業所で扱っている商品やサービスについての知識や知恵、歴史など、つまり、専門分野に関係したテーマが考えられます。

私の店、化粧品店の「みどりや」で母が長年続けてきた講座が、「貴女に合った眉描き&アイメイクレッスン」です。すっかり定番になっています。まさに化粧品店らしい講座ですよね。

一方、商品やサービスに関係のない講座を開く店や事業者も数多くあります。

岡崎市でギフト商品を扱う「サラダ館明大寺店」が開いているのが「手作り味噌教室」です。店主の堺康裕さんのお母さんが、以前から自分で味噌をつくっていたことから始めました。

ほかにも魚釣り講座や地元の歴史や文化について語る講座などなど、商売や事業とは直接関係ない講座はたくさんあります。お醤油屋さんが趣味のヘヴィメタルを講座にした例もあります。

ぜひ伝えたい。そんな気持ちがあれば、何でも講座にできるのです。

そしてこのまちゼミ、いまその勢いが止まりません。

2003年、愛知県の岡崎市で生まれたまちゼミは、20年後の2023年秋現在、全国47すべての都道府県へ広がりました。おおよそ450地域で取り組まれ、商店街の数では約2千になりますが、参加しているのは店舗ばかりでなく、製造業や農業、畜産業、金融機関、大学や高校、神社、お寺にまで、すべて合わせると推定約3万のお店、事業所、組織が講座を開設しています。

お店では再びお客様が訪れるようになり、まちには人通りが復活し、地域全体が、にぎわいを取り戻したところは少なくありません。かく言う私の地元、岡崎がまさにそんな状態です。

しかし、そこへ至る道は非常に険しいものでした。少しさかのぼって、まちゼミが生まれる以前のことから、お話しさせてください。

あれほど繁栄した商店街だったが…

私が生まれ育った愛知県岡崎市は、徳川家康生誕の土地として知られています。市の西側に、家康が生まれた岡崎城があり、15世紀に築城されて以降、周りに城下町が発達しました。多くの産業が生まれ、文化の中心地になりました。

城下町跡は、400年に及ぶ江戸時代の間も変わらず繁栄し、明治、大正を経て、昭和になって2つの戦争が終わった後も、多くの店で賑わいました。岡崎の中心市街地――まちなかとして発展していったのです。私が店主を務める「みどりや」も、そんなまちなかの一角にあります。

イオンの前身である岡田屋が、創業の地、三重県を出て初めての店を出したのもここ岡崎の中心市街地でした。名古屋の百貨店、松坂屋も進出してきました。高度経済成長期、岡崎の中心市街地で営業していた店は800以上、総売上は500億円にものぼったといわれています。

しかし、70年代半ばあたりから様相は変わっていきます。郊外に大型のショッピングセンターや専門店が建ち並び、消費者は自動車で買い物へ出かけるようになりました。

70年代から80年代にかけて、中心市街地の商業は非常に苦しい立場に置かれました。90年代に入ってバブル経済崩壊の影響が出始めると、状況はいよいよ深刻になっていきました。

来街者はめっきり減り、1998年にはついにジャスコ岡崎店が店を閉じました。かつての岡田屋岡崎店です。もうひとつの大型店、松坂屋岡崎店はなんとか持ちこたえたものの、売上の低迷の末にやはり2010年に撤退しました。

来街者はピーク時の10分の1以下に減り、まちは灯が消えたようになりました。

私が後継ぎとして家業についた1990年代半ばは、まさに、毎年じりじりと減っていく来街者に、商業関係者が頭を悩ませていた時期です。

もう一度、まちなかに人を呼び込みたいと、私は商店街の仲間とはもちろん、商工会議所などの行政の人たちと協力し合いながら、正月の大売り出しに始まり、春にはひな祭り、花見、入学祝い…。年中、あらゆることに取り組みました。

実際に成果をあげ、今もまちの恒例行事になっているイベントはいくつもあります。しかし、多くのイベントはそうではありませんでした。確かにそれらのイベント目当てに大勢の人がまちなかへやって来て賑わいます。しかし、それで各店の売上げが上がったかというと、いくら人が来ても店の中まで人は入らず、買物をしてくれることは少なかったのです。

私はこのような取り組みを10年ほど続けました。しかし、どんなに頑張っても状況は好転するどころか、悪化していく一方でした。悲しかったのは、一緒に頑張ってきた仲間たちが一人、二人と脱落していったことです。

「商店街の衰退は避けようのないことなのだろうか？」「商店街はまちに住む人にとって不要のものになってしまったのだろうか？」

大盛況の郊外の大型店、専門店とついつい比較してしまい、わずかな気力も打ち砕かれる思いでした。

商工会議所職員が気づいた商店の魅力——まちゼミの始まり

2000年代になってもこのような傾向は進んでいくようでした。

そんな中、岡崎商工会議所に勤める松岡文《ふみ》さんがある提案をしました。

当時、商工会議所では専務理事の発案により、中心市街地・商店街の活性化事業に、顧客目線で考えられる女性職員を起用しました。そのひとりが松岡さんでした。

松岡さんは打開策を求めて、商店街の各店を回りました。そして、あることに気がつきました。

たとえばショッピングセンターであれば、広いフロアに売り場やテナントがいくつもあり、通路から中の様子は自由に見ることができます。気になる商品があれば、足を踏み入れ、間近で見ることも、手に取ることも可能です。特に買う気がなくとも、自在に売り場やテナントを出入りすることはむずかしくありません。

しかし、商店街の店は違いました。

「もし、店に入ってお客が自分一人だったらどうしよう。店の人と話をしなければならなくなって、何か買って帰らなければいけなくなるのではないだろうか」そんな心配がありました。入りにくく、出にくい。以前から多くの人が指摘していた商店街の店の弱点でしたが、松岡さんも各店をまわる中、同じことを感じずにはいられなかったのです。

しかし、松岡さんは別のことにも気づきました。確かに店の前に立ったときは、「店に入ったら、自分はいったいどうなるのだろう？」と不安な気持ちになったのですが、いったん店に入り店主やスタッフの人と話をすれば、恐れることなどまったくないとわかったのです。

店の人たちは実に気さくでした。松岡さんも、商店街を訪問しているうちに、店の人たちとのたわいない世間話を、けっこう楽しんでいる自分に気がつきました。商工会議所の仕事として、店の経営について少し踏み込んだ話になった時も、みな丁寧に答えてくれました。松岡さんは、彼らが実に多くの知識を持っていることに気づいたのです。

本人たちはそれを重要なことだとは思っていません。長年、店を営んできた中で身につけた知識です。知っていて当然、誇れるようなものでもなんでもない。ほかの人たちだって、このくらいのことは知っているはず。そう思っています。

しかし、松岡さんは、少し立ち話をしただけでも、店の人たちの商品やサービスについての知識はもちろん、それを用いた生活の知恵など、新鮮で興味深い情報や経験が次々と飛び出してくるのに驚きました。

「店主や店のスタッフたちが自分の店に関する講座を開いてはどうだろうか」

まちゼミの原型が松岡さんの頭に浮かんだ瞬間でした。

初めは講義形式、しかし「お客様の声を直接聞ける」メリットに気づいて

2003年1月、岡崎市で初めて開かれた「まちなかゼミナール」はそのような経過で生まれたものでした。

といっても、いまのまちゼミ——少人数で店内で行う形とはかなり違ったものでした。

「ゼミナール」の名から想像できる通り、まず会場は、教室のような大きな部屋を用いました。演壇に講師が立ち、大勢の人の前で話す、学校の授業や講演会のような形でした。

当時から講演会やセミナーは行われ、決して珍しくはなかったのですが、それにしても店主が人にものを教えるなど前代未聞です。提案を聞いた店主たちは例外なく驚きました。

私の店、みどりやは、当時は母が店主として切り盛りしていましたが、母もさすがに大勢の人を前に演壇に立つ勇気はなかったようです。化粧品メーカーから講師を呼んで、美容や健康をテーマにした講座を開きました。

このことからもわかるように、目的もまた現在のまちゼミとは大きく異なり、できるだけた

くさんの人を呼び集めることでした。

私の母は、本当に人が来てくれるかどうかが心配で、受講者に粗品や景品として何を配ろうかと頭を悩ませました。

このあたりも、モノで人を釣ろうという従来のイベントの考え方のままだったのです。

現在のまちゼミは、自店の中で、少人数の受講者を対象に行うことを方針としています。また、講師は店主やスタッフ自身が務め、講座中はものを販売したり、宣伝したりすることは決してしないことがルールになっています。

試行錯誤を経て徐々にこのような形になっていくのですが、当初の「まちなかゼミナール」は、大勢の受講者を前にした講演・セミナーのような催しでした。それでもこれまでにはない新しい試みに、私たちは何らかの可能性を感じました。無我夢中で準備を進め、なんとか無事にやり終えると、ほっとひと息つく間もなく反省会を開きました。

すると「お客様の声を間近に聞くことができて良かった」という店主たちの声があがったのです。質問されたり、意見を聞けたりという経験が、店主たちにはとても新鮮だったのです。

その後も私たちは「まちなかゼミナール」を続けましたが、やり方は各店に任せたため、いろいろなバリエーションが生まれていきました。

多くの店は、できるだけ大人数の受講者を集める講義形式をとりました。「商品を売ってはいけない」というルールはこの時点ではまだ徹底しておらず、商品説明会や販売会のような講座が多かったと記憶しています。

しかし、そのうち少人数で講座を開く店が現れました。受講者を数人に限定して、少人数の利点を生かして、特別な体験ができる講座でした。1回あたりの受講者は少なくても、講座の開催回数を多くとって、トータルで人数を稼ごうとしたのです。そういう意味では、「参加人数は多ければ多いほど良い」という認識にかわりはなかったのですが。

その後も、大人数の講義形式と少人数の体験型講座が混在する「まちなかゼミナール」が続いていくのですが、ある反省会のとき、誰かが「お客様の声を聞くためには、もっと少人数にした方が良い」と言い出しました。

この回を境に「参加人数は多いほど良い」という認識に変化が訪れたのです。

といっても、少人数で行っていた講座の店主が、「少ないほうがお客様の声が聞ける」とつぶやいた程度の話に過ぎませんでした。ひょっとすると、その店ではたまたま人が集まらなかっただけなのかもしれません。しかし、たとえ偶然だったとしても、少人数のほうが良かったという声につられ、「そういえばウチも……」と別の声が続いたのです。

ほかのこともわかってきました。受講者として訪れていただける一般市民の方は、必ずしも、専門的な内容の講座を望んでいるわけではない、ということです。店主やスタッフが持っている「当たり前と思っている知識や経験」を、「ちょっと」披露するだけで喜んでくれたのです。

ですから、時間をめいっぱい使って講義する必要もありませんでした。短めに切り上げ、あとは歓談する時間をとったほうが受講者には好評でした。

講座に満足していただいたのは事実ですが、講師も受講者も、どちらもお互いの人となりを知ることができたことを心から喜んでいたのです。「知り合えたこと」が何より重要でした。

講師は店主やスタッフ、講座は店内、少人数でという原則

講師としてガチガチに緊張しながら1時間フルに話し続けていた店主やスタッフたちは、はっとしました。

「なんだ、こんなことで喜んでもらえるのか。」

こうして徐々にあるべきまちゼミのスタイルが見えてきました。

まず、大きな会場を借りて、大人数を相手に講座形式で行うよりも、少人数で行うほうが望ましいこと。

また、会場に最適なのが店である、ということです。店は、店主やスタッフの考え方がそのまま表れている場です。そこへ受講者の方に直接、来ていただいて、店主やスタッフが講師としてゼミを開けば、店のこと、そして店主やスタッフの人柄まで知ることができます。

講座内容も、長年の商売で身につけたちょっとした知識や経験を話すだけで喜んでもらえます。あとは受講者どうしが仲良くなれる時間をつくれば、自然と誰もが楽しく過ごせました。

まちゼミが目指すところも、回を重ねていく中で徐々に変わっていきました。

当初、まちゼミも、ほかの多くのイベントと同様、売上をあげることが目的でした。大勢のお客様に受講していただいて、最終的には何かを買ってもらえば成功と考えていました。

しかし、まちゼミに取り組むうちに、「お客様の声を聞く」こと、そして「自分たち自身を知ってもらう」こと、つまり受講者の方たちと深くコミュニケーションをとることが重要なのだとわかって来ると、誰も当初ほど売上げについて言及しなくなっていきました。

私たちは、売上げのことはいったん脇に置き、どうすれば受講者にまちゼミを心から楽しんでもらえるのか、受講者の満足度をいかに上げるかということに集中することにしました。

もうひとつ、まちゼミで商品を販売して良いのかどうか、という問題もはっきりしてきました。目的が売上げではなく、受講者の方の満足度を上げることを目的にするのであれば、まちゼミでは、ものを売らないようにしよう、という声があがり始めたのです。

受講者の方たちの話の中で、「商品を売りつけられそう」とか、「買わざるを得ない」という気配を感じると、それだけで不快に思えたり、不安になったりするという声があったからです。

いくら楽しい内容でも、「ものを売りつけられそう」という不安があれば、心から講座を楽しむことはできません。材料費などの例外を除いて、講座は無料とし、講座中は決して販売はしない、宣伝めいたこともしない、という原則ができあがっていきました。

こうして受講者数は3人からせいぜい7人前後まで。会場は店内にして、店主やスタッフが講師となり、受講者一人ひとりと会話する機会を増やす。そして、ゼミ中は決してものを売ろうとしない、宣伝もしない。目的は受講者の満足度を最大にすること。そんな現在のまちゼミのスタイルが固まっていきました。

受講者の方たちにはぜひ楽しい体験をしてほしい。満足して帰っていただきたい。この方針を徹底していくと、不思議なことに売上をあげる店が増えていきました。

少人数で、店内で、受講者の満足度が最大になるように、というまちゼミのスタイルや原則がはっきりと形作られていきました。

その後、他地域へもこれらの原則も合わせてしっかりと伝えたことで、まちゼミはどの地域でも着実に定着していきました。全国的な普及へとつながったのです。

このスタイルや原則は、その後、新型コロナの感染が広がると、密な環境を避けるために変わらざるを得なくなります。しかし、受講者に楽しんでいただき、満足していただこう、という考え方は、変わることはありませんでした。

5つの波を経て全国へ普及・浸透

視察が増え、やがて全国から講演依頼が

その後、まちゼミが全国へ普及していく過程では、5つの波がありました。

ひとつ目の波が、他の地域で噂を聞きつけた人たちが、視察に来始めたことです。全国から講演の依頼も入るようになりました。それが第2波です。全国各地で「まちゼミ」を始めたいと考える人たちが現れ、私は岡崎の成果を伝え始めました。

大きな期待とともに耳を傾ける人もいれば、半信半疑の人も多かったと思います。半信半疑の人は、実際にやってみれば効果は実感できます。むしろ心配だったのは、大きな期待を持っていた人たちでした。まちゼミを始めれば、たちどころに人が集まってくる、売上が上がる。すぐに成果を得たいと、見よう見まねで形だけ「まちゼミ」を始めようとする人たちもいました。

私は、岡崎での試行錯誤の経過をできるだけ正確に伝え、まちゼミとは「受講者に店と店主の人柄を知ってもらう」ことが重要な「コミュニケーション事業」であることを強調しました。そして、少人数で行うこと、また店内で行うことが大事であり、講座では「決して売らない」

というルールの徹底も呼びかけました。

原則・ルールをしっかり守って続ければ、たとえ時間はかかっても、お店と受講者との信頼関係は着実にできていきます。焦らずに続けて取り組むことを呼びかけました。形だけまねて始めてみたはいいけれども、期待した効果は上がらず、すぐにやめてしまう。そんな事態を避けたかったのです。

各地で生まれたリーダーたちがつながり、さらに……

我慢の姿勢で浸透を図ったことは功を奏したと思います。時間はかかりましたが、まちゼミは各地へ着実に定着し、そこではリーダーたちが現れ始めたからです。それが第3波です。

各地の事情に通じるリーダーたちは、自在に行動していきました。まちゼミそのものを盛り上げることはもちろん、図書館に呼びかけ、まちゼミ開催中に関連本を展示してもらったり、小学校に足を運んで、まちゼミのチラシを配布できるよう依頼したり、まちゼミを軸足にして、地域全体へ活動を展開していきました。そしてそれは少しずつ地域を変えていきました。

一方、まちゼミそのものも多様な形が生まれていきました。ひとつは商店会単位で始める形でしたが、既存の商店会にこだわらずに独自の組織を作り、まちゼミを立ち上げる人たちが現れたのです。また、各地の商工会や商工会議所がまちゼミの効果に注目し、導入に力を入れた地域もあります。まちづくり会社が先導してまちゼミを地域に採り入れたところもあります。

何より参加者の幅が広がっていきました。

当初、まちゼミで講師を務めていたのは、〝参加店〟という言葉が表すように商店でした。また、その商店は多くの場合、各地の商店街に属していました。私もまちゼミの開催地域はできるだけまとまっていたほうが良いと、当時は伝えていたからです。

しかし、各地で開かれるまちゼミには、商店はもちろん、製造業や農業、畜産業、大学、高校、神社、お寺……、実に多様な業種の人たちが参加し始めました。銀行や信用金庫、海上保安庁が参加したところもあります。まちゼミとは相容れないと思われていた大企業に呼びかけ、参加を実現した地域も出てきました。

このあたりから、私はまちゼミの講師を務める人たちを「店主」と呼ぶのをやめました。あらゆる「事業者」がまちゼミに参加して講師となっていったからです。

加速度がついたように、まちゼミの普及が進んでいきました。このままいっきに全国各地にくまなく、まちゼミは浸透していくのではと思ったほどでしたが、その矢先に現れたのが新型コロナでした。

各地のまちゼミは大きな打撃を受けました。しかし、それは新しい時代を切り開くことにもなりました。それが、まちゼミの第４波です。

新型コロナの感染を避けるため、密な環境を嫌い、まちゼミを取りやめたところ、延期したところが数多くありました。全国のまちゼミ開催地域の4割にのぼったと思います。飲食店などはもろに新型コロナの影響を受け、店を畳んだところも少なくありませんでした。

しかし、一方、講座数を減らしてなんとかまちゼミを維持させたり、いったん休んだものの、どうにかまちゼミを復活させたりした地域では、コロナ禍を乗り切るため、実に多様な形のまちゼミを繰り出しました。

代表的なものが、オンラインまちゼミです。Ｚｏｏｍにより遠方の人たちが一堂に会することが可能になりました。まち歩きをＺｏｏｍで実況したところもあります。

ＹｏｕＴｕｂｅの活用も増えました。まちゼミの講座を動画にまとめて投稿したり、店主にインタビューして人となりを伝えたり、ここでも多様な使い方が試みられました。

コロナ禍で直接会うことはかなわなくなっても、受講者との間に何らかのつながりを作りたい。そう願う事業者たちによって、従来の直接顔を合わせて行うまちゼミとは違う、新しい形のまちゼミが続々と登場していったのです。

都道府県単位の連携が全国一斉まちゼミの実現へ

全国各地で生まれたコロナ禍での新しい試みは、次の大きな第5波を生んでいきます。

ネットを利用すれば、遠方の人とたやすく連絡できることに気づいた各地のリーダーたちは、地域どうしで連絡を取り始めます。都道府県単位のフォーラムが頻繁に開催されるようになったり、各地のまちゼミを都道府県単位でいっせいに行おうという動きが出てきました。マスコミが注目し報道してくれたおかげで、まちゼミの認知度はいっきにあがっていきました。

時間は前後しますが２０１８年秋、長崎県の６つの地域が同時期にまちゼミを行った「長崎県一斉まちゼミ」が典型的な例です。結果は期待以上でした。参加事業者も受講者も大幅に増えたのです。足し合わせた以上の〝相乗効果〟がありました。

ならば全国でもできるのではないだろうか。こうしてコロナ禍の真っ最中の２０２１年秋、「全国一斉まちゼミ」が実現しました。その後も、各地のまちゼミがつながったり、都道府県単位のフォーラムの開催は、今も活発に続けられています。

まちゼミはなぜ20年もの間、廃れることなく続き、全国各地に浸透していったのでしょうか。ひとつは、まちゼミは時代の流れとともに、その形を変え続けてきたからです。当初は原則を守ることにどうしてもこだわらざるを得ませんでした。しかし、新型コロナが立ち塞がると、形にこだわらない自在なまちゼミが多数、登場しました。形は自由であっても、「事業者と顧客とのコミュニケーション」が目的であるという点は変わりません。

もうひとつ、まちゼミがこれほど各地で浸透したのは、各地でリーダーたちが登場し、地域全体を見る視点を持ち始めたからです。

まちゼミによって、参加事業者たちは、地域での自分の役割を考えるようになりました。地域のリーダーはそんな人たちをつなげて地元を盛り上げ、さらに他の地域と積極的につながっていったのです。地域の事情を誰よりもよく知り、日々起こっている問題に向き合っている人たちだからこそできたことでした。

なぜ、まちゼミは広がるのか、誰もが続けるのか？

原点にあるのは「三方よし」の精神

まちゼミの講座を開くには、それなりの労力をかけなければなりません。

講座をスムーズに進めるため、内容によっては、かなり以前から準備をしなければならないこともあります。それでも多くの人たちはまちゼミに精力的に取り組んでいます。なぜ、そこまでするのでしょう？　何が、事業者やスタッフたちの意欲を支えているのでしょう？

まちゼミが人を引きつけ、継続する理由の第一として上げられるのは、まちゼミは「三方よし」の実践だからです。その意義にみな引きつけられるのです。

三方よしとは、近江商人が説いた「売り手よし、買い手よし、世間よし」の精神です。この順序が正式ですが、私は「買い手よし、売り手よし、世間よし」と説明しています。

まず、買い手である受講者は、まちゼミによって普段は知り得ようもない知識を得たり、新しい体験が無料でできます。

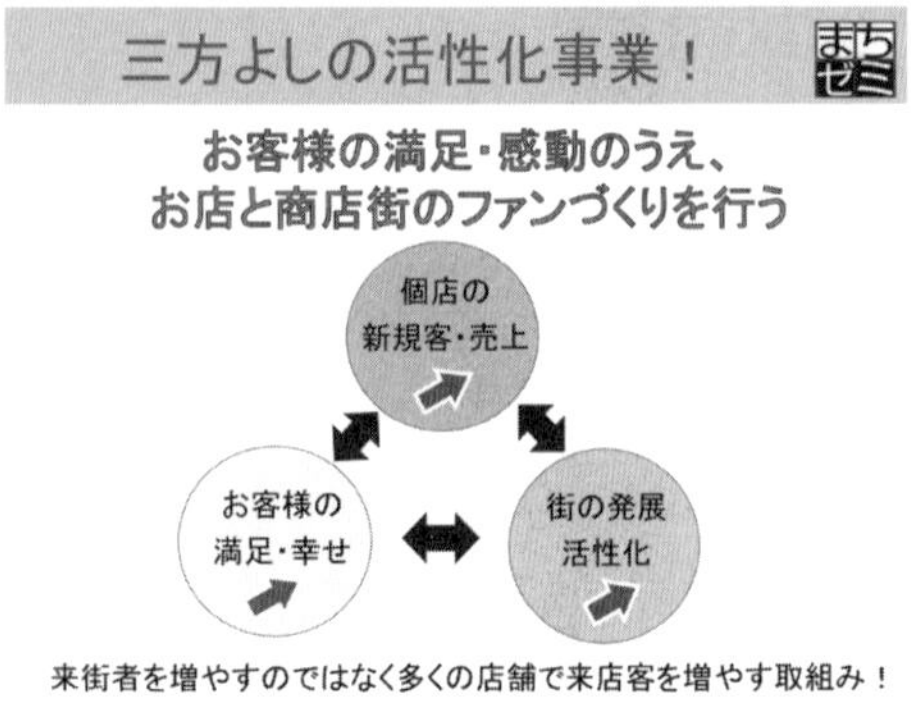
三方よしの活性化事業！
まちゼミ
お客様の満足・感動のうえ、
お店と商店街のファンづくりを行う
個店の
新規客・売上
お客様の
満足・幸せ
街の発展
活性化
来街者を増やすのではなく多くの店舗で来店客を増やす取組み！

まちゼミが多くの人に受け入れられてきたのは、原点に「三方よし」の精神があるから、そしてそれをまさに実践してきたからです。

また、それまでは「何も買わないで出てくるのはちょっと……」と入りにくかった店に、まちゼミの受講生として堂々と入ることができます。店のつくりや陳列されている商品は、店主やスタッフが品揃えしたもの、彼らの事業への姿勢そのものです。そんな店の雰囲気を味わいながら、店主やスタッフたちと直に話をすれば、その人柄を良く知ることができます。

「買い手よし」です。

店にとっては、それまで店に入って来られなかった人を講座に招くことで、店について知ってもらうことができます。

商人としてどんな方針で品揃えをしているのか、サービスを展開しているのか、店内を直接見てもらうことで、それを伝えることができます。また、まちゼミの講座を活用することで、普段なかなか表現しきれない自店の特徴やこだわりを伝えることもできます。

受講者と話をすることで、店に何が期待されているのかを知ることも可能です。お互いに交流することで、後の新規顧客やファンづくりのきっかけにすることもできます。

まちゼミでは「売らない」「売りつけない」ことが原則ですが、そのことが信頼となり、講座後、受講者がお客様となって再来店する例は数多くあります。回り回って売上につながるのです。

「売り手よし」です。

店主やスタッフたちは、まちゼミ開催を通して、自分の店の品揃えやサービスを考え直します。より魅力的な商品やサービスを提供できるようになった店には、再びお客様が来店するようになります。店で楽しく買物をするお客様が増えれば、商店街全体がにぎわっていきます。

各店の店主たちは、まちゼミの活動を通して商店街全体が賑わうことを願うようになり、まち全体、地域全体に目を配り始めます。

こうして周辺のまち全体が活気にあふれていきます。地域全体が人で賑わい、かつての活気を取り戻していく、というわけです。

「世間よし」です。

お客様が楽しく買い物をするようなって、店の売上があがっていく。商店街がにぎわうようになり、地域全体の活気がよみがえっていく。まちゼミに参加する受講者も講師役の店主もスタッフも、それを担っているという誇りと喜びを持てる。

まちゼミが各地で定着しているのは、このような「三方よし」が実践されているからです。

小さなお店・事業所だから発揮できる3つの魅力

もちろん個々のお店や事業所にとって、まちゼミに取り組む現実的なメリットもあります。講座の受講をきっかけに、お店を訪れる人が増えたり、扱う商品やサービスがよく知られるようになり、売上があがっていくことです。

しかし、この章の初めの「はじめて物語」でも触れた通り、それはあくまで結果であって、そこに至るには、受講者に、店主や事業者、お店の魅力を知ってもらう必要があります。

私は、まちゼミによって事業者は「3つの魅力」を発揮できると考えています。

①人の魅力

その第1が「人の魅力」です。

私がよく引き合いに出すのが私の母です。母はみどりやで50年以上働き続け、化粧品のことはもちろん、美容全般の知識も経験も豊富です。非常に勉強熱心です。お客様とのつきあいは長く、10年来、20年来のお客様は当たり前、それ以上のお付き合いのお客様も数多くいます。「○○さんは△△のメーカーの□□のブランド製品を使っている」ということをお客様ごとに熟知し、その上で年齢を重ねればどのようなケアが必要になるのか、そのためどのような商品を揃え、アドバイスすれば良いのかを常に考え、店頭では実際に的確に助言をします。

確かに小さな店は、品揃えや価格では大型店やチェーン店にはかないません。立地も同様でしょう。駅前や幹線通り沿いにある店やショッピングセンターの方が、誰にとっても便利で行きやすいことは明白です。

しかし、母の知識や経験は、たとえば最近できた大手のドラッグストアチェーンの美容部員にはとても真似できないのではないでしょうか。また、買いやすさに限れば、インターネット通販が断然便利でしょうが、一人ひとりのお客様へのきめ細かい対応は、やはり対面販売がいちばんです。

母は「当たり前のことを当たり前にしているだけ」と言います。

妻も同様です。子育てしながら店に出ているので、自分では「十分なことがとてもできていない」とも言います。しかし、子育てをしているからこそ、子どもを持つお客様と話が弾み、悩みを共有することもできるに違いありません。

今ではインターネットで検索すれば化粧品の知識は簡単に手に入ります。しかし、お客様一人ひとりに応じて的確な接客をする点においては、母や妻は誰にも負けていないのです。

こうした専門家としての知識と経験は私の母や妻に限ったことでなく、多くの個店の店主や事業者、スタッフの人たちも同じようにお持ちのはずです。本人は、毎日を同じように過ごし、たいしたことはしていないと思っています。顔なじみのお客様と毎日、ひと言でもふた言でも会話を交わしてきた蓄積の大きさに気づいていません。

しかし、実はそれがいかに大きな財産であるのか。まちゼミはそんな人としての魅力を引き出し、光をあててくれる取り組みです。

②店と店とがつながり、連携する魅力

事業所がまちゼミで発揮できる第2の魅力が「つながり・連携」することです。

まちゼミを開こうとすれば、参加する事業所すべてがほかの事業所と顔を合わせることになります。後述するように、準備として必ず参加者全員による会議を何度か開く必要があります。

また、まちゼミ開催中は、自分の講座にやってきた受講者の方に、他のお店や事業所の講座を紹介することを推奨しています。講座に参加していただいた受講者に、「あそこの眼鏡店の講座が面白そうだから行ってみては？」とか、「雑貨店が何か新しいことを始めたらしいから面白そうよ」と他の店を薦めるのです。

ほかの参加事業者のまちゼミを知り、それをお客様に薦める活動は、お互いに認め合う気持

がなければ成り立ちません。周りの事業者を尊重するから、自分も尊重してもらえるのです。

逆も同じです。自分の店や事業所が認められたいのであれば、まずほかの参加事業者を認める。そんな心配りが自然に身につき、いつしか参加事業者全体の連帯感が生まれていきます。

大事なことは、まちゼミの仲間どうしがお互いに信頼し合っていることが、受講者にも伝わることです。「つながり・連携」することは、事業者にとってメリットがあるのと同時に、受講者にとって「魅力」と映ります。まちゼミに取り組むお店や事業者、地域全体が、受講者にとっては、生活の知恵や楽しみをもたらしてくれる存在となるからです。

「つながり・連携」の魅力は、まちゼミの具体的な取り組みにも表れています。2つ以上の事業所が共同で開催するコラボレーション講座（以下コラボ）です。

たとえば整体院と布団店による〝快眠〟や〝健康〟についての講座があります。

前者は骨格や体の構造から、後者は枕や布団から〝快眠〟や〝健康〟を追求するこの講座は受講者に好評で、まちゼミ後も、整体院に来る人には「あそこは枕の高さを無料で測定してくれる」とか、逆に布団店に来るお客様には「膝とか腰の痛みならばあの整体院に相談してみれば」と、お互いにお互いの店を薦め合っています。

新潟県の長岡まちゼミでは、日本酒のお店と器のお店がコラボした講座が定番になっています。お酒のおいしい呑み方がわかるだけでなく、器によってこんなにお酒の味わいが違うのかと、受講者は驚くそうです。

すでに何度かまちゼミを経験している地域ではもちろん、これからまちゼミをしようとしている地域で、このようなコラボ講座の話をすると、みなさん目をキラキラと輝かせます。

誰でも普段から気になっている他のお店や事業所があるに違いありません。コラボ講座が実現すれば、きっと面白いことができると、想像力がかきたてられるのだと思います。

まちゼミは個別のお店や事業所だからこそやりやすく、また、「つながり・連携」を最も良く形にできる取り組みと言えるでしょう。コラボについては、第4章で詳しく触れます。

③起業家精神を発揮できる魅力

まちゼミで発揮できる魅力の第3が「起業家精神」を発揮できることです。

起業、第2創業とまではいかなくとも、「いつまでも今のままではいけない」「何か新しい事業に取り組みたい」と考えている事業者は多いのではないでしょうか。

まちゼミは最高の実験の場を提供してくれます。

新規事業といっても大げさに考えることはありません。

たとえばみどりやでは、まちゼミで「漢方生薬を使ったお手入れ体験」や「セレブエステ体験」などの講座を行い、好評だったエステを事業として本格的に行うことにしました。母は立ち上げのために相当勉強しましたが、まちゼミで事業は確かにニーズがあると確信を持てたからでしょう。

環境はどんどん変わります。新型コロナで、人に触れるエステの事業が難しくなると、母は今度は「セルフエステ」を考え出しました。エステティシャンがいなくとも、文字通り、自分自身でフェイシャルケアができます。それについてもまちゼミで講座を行い、うまくいくという感触を得て、事業として始めました。

まちゼミで、マーケティングが可能になるのです。

飲食店ならば、新しいメニューが受け入れてもらえるのかどうかを、まちゼミで受講者に率直に聞いてみてはどうでしょう。「料理で使っているドレッシングを単独で売り出したい」「ジャムはどうだろう」と考えている店もあるに違いありません。まちゼミの講座でドレッシングづくりやジャムづくりをして、受講者の反応を見るのです。

まちゼミをきっかけに、料理教室を開くことになった飲食店は数多くあります。まちゼミで料理講座を開いてみると、メニューによって受講者の数が違うことがわかります。ニーズを知り、ひとつの事業として、有料で料理教室を開くのです。

今、小さなお店や事業所にとって、新しい挑戦をすることが本当に難しくなりました。同業者を研究するどころか、新規事業を考える気持ちの余裕も持てないほどです。

でも、まちゼミならばチャレンジが可能です。

地域で事業を営んでいるお店や事業所にとって、いちばんの先生は地元のお客様です。その声を最大限に活用するのです。手応えや見込みが得られれば、やる気も湧いてきます。勉強することもきっと苦にならなくなるはずです。〝実験〟を続けて行けば、世の中の傾向も見えてくるはずです。5年先、10年先の事業のあり方を描くことも可能になるでしょう。

新しい事業や試みは、まさに地域でニーズがあるから成り立つものです。地域の課題を解決し、地域を豊かにするのが、〝起業家精神〟です。〝起業家精神〟もまた、地域で暮らす受講者にとって大きなメリットになる、というわけです。

リーダーたちの登場こそ、まちゼミの最大の成果

地域で続々と生まれるリーダーたち

まちゼミがもたらしてくれるものとして、もうひとつ、目には見えないけれどとても大事なことに触れたいと思います。

「こんなことで喜んでもらえるのか！」

店主や事業者にとって、扱っている商品やサービスについての知識は持っていて当たり前で

す。長く携われば知識は増え、経験がともなって、暮らしに役立つ多くの知恵にもなっていますが、当人たちにその自覚はなく、きっと誰でも知っていること、経験していることと思い込んでいます。

ところが講座を開いてみると、意外にも受講者に喜んでいただき、それを見て事業者もとてもうれしくなります。そしてそんな経験を積み重ねていくと、店主や事業者は、自分の知識や経験に実は価値があるのだと気づくばかりでなく、自分や自分の店、自分の事業が、まだまだ地域にとって必要とされていると確信するようになっていくのです。

まちゼミは、店主や事業者に大きな自信と、自分が取り組む商売や事業への確信をもたらしてくれるのです。

少し前までは、全く逆の状況でした。

個店を例にとれば、それまではさんざん大手チェーンに押され、価格や品揃えでは自分の店は明らかに見劣りすると、多くの店主は信じていました。

実際、価格や品揃え、立地などは、明らかに大手チェーンのほうが洗練されているでしょう。「だから店に価値はない」「自分たちは負けている」と、多くの店は思い込んでいました。

自信を失い、それとともに自分の商売や事業の価値を低く見積もってもいました。まちゼミはそんな負けグセを払拭させてくれるのです。

まだまだやれることがあると気づいた事業者たちは、実際に行動に移し、客数を伸ばしたり、売上げを上げたりしていきます。誰しも自分の事業に最大の関心があることは当然です。個店の強化、個別の事業の強化が、第1であることに間違いはありません。

しかし、まちゼミを経験した事業者は、参加店全体を、さらに言えば、地域全体を活気づかせなければ、人を引きつけられないと気づきます。さらにまちゼミを発展させたいと考え、地域のあちこちの店や事業所に参加を呼びかけていきます。

一方、自分の店や事業が地域でどのような役割を果たしているのか、どのような期待があるのか、地域の中での自分の店、自分の事業のあり方を改めて考え始めます。

まちゼミがもたらしてくれるもうひとつのものが、地域全体を見渡す視点です。

地域を変えていくのは、ごく普通の人々

そもそも、商店街とはいったい何のためにあるのでしょうか？　家業を継ぐようになってから、私はいつもこのことを考えてきました。「まちゼミ伝道師」として全国のまちを歩くようになった今、なおさらその思いは強くなっていきました。

しかし、あるとき気がつきました。私がこのこと――商店街の存在意義を考えていること自体が、まちゼミに取り組んできた成果なのだと。まちゼミは、商店街のこと、さらにまち全体

のことを考える視点を、私にもたらしてくれたのです。

全国でまちゼミに取り組んでいるみなさんも、きっと同じ思いなのではないでしょうか。「商店街の存在意義」とは、あまりにも大げさな言い方に聞こえるかもしれません。ましてや「地域の活性化」のために、自分の力などとても及ばないようにも思えます。しかし、それでは誰が地域のことを考えるのでしょうか？

鹿児島天文館まちゼミを熱心に支援しているのが、鹿児島天文館いづろ商店街振興組合の事務局長、迫《さこ》真一さんです。迫さんはこう言っています。

「各地にはそれはいろいろな課題があります。でも、それを解決していくのは決して政治家とか、お金持ちとかではありません。地域を支えている市井《しせい》の人々――ごく普通の人々です。そんな普通の人々の力に、僕はものすごい可能性を感じています」

迫さんは地元で天文館まちゼミの支援に力を尽くすだけでなく、自費で全国を回ってまちゼミの仲間たちと会い、励まし合い、情報交換をし、エネルギーを得て、また地元での活動に生かしているそうです。

まちゼミがもたらしてくれたもうひとつの大きな成果とは、地域全体を見る視点を持ったリーダーを生み出してきたことでしょう。いま、そんな人たちがどんどん増えているのです。

大都市でも過疎の村でも――規模によらずどんな条件でも

まちゼミは、商店街の大小やまちの規模によらず、どのような地域でも開催が可能です。これもまた各地で受け入れられている大きな理由のひとつです。

たとえば人口約62万人の埼玉県川口市の「川口まちゼミ」は２０１４年２月から始まり、年１回開催のペースを守りながら急速に規模を拡大、２０１９年２月開催の第６回では95講座にまでなりました。ここでも新型コロナの影響で規模縮小を余儀なくされましたが、２０２３年２〜３月には第９回を迎え、40店舗、45講座にまで復活しています。

大きな都市は人口が多く、まちゼミに活気があって当然と思うかもしれません。しかし、次のような例もあります。

新潟県上越市吉川区の人口はわずか４２００人あまりで、現在も人口減少が続いています。２０１３年11月に初めて開催された「吉川まちゼミ」は、参加店11店舗、12講座と小規模なものでした。しかしその後は年１度の開催を着実に続け、２０１７年10月の第５回では25講座まで増加、コロナの影響下でも年１回のペースを守り、直近の２０２２年10月の第10回では18講座まで回復させせました。

吉川まちゼミでは、隣接する他地区から受講者を呼び寄せるという常識では考えられない行動が生まれました。吉川地区周辺の人たちは、上越市など大きなまちや幹線道路沿いの大型店へ買物に出かけていくことは珍しくありません。しかし、その逆、吉川地区のような小さなまちにわざわざ他地域から人が足を運ぶことはめったにありませんでした。

そのめったにないことをまちゼミは引き起こしました。店主たちは、その大きな可能性に気づき、年1回のまちゼミを忍耐強く続けてきたのです。

ちなみに、小規模に思える吉川まちゼミですが、開催店舗や講座数を人口1人あたりで計算すれば、なんと全国トップに躍り出ます。全国で最も効率よく集客しているのが、この吉川区なのです。

岐阜県下呂市金山町は人口5千人の山間のまちです。飛騨金山まちゼミが始まったのが2019年2月。第1回は26講座でしたが、回を重ねるごとに講座数を増やし、直近の2022年9月開催の第6回では、42店舗46講座にまでになりました。

まちのほとんどが山林で、まとまった商店街は存在せず、各事業所は川に沿って伸びる道路沿いに点在しています。人口の規模も地理的にも、まちゼミには不利なように思えます。また、高齢化が進んだ地域であり、新型コロナの感染も特に心配されました。

しかし、小規模だったからこそ感染対策が徹底でき、オンラインまちゼミをはじめ、進んだ取り組みをいち早く採り入れました。何より、事業者も受講者も、地域全体が一体となってまちゼミを盛り上げようとしています。人口が多くなくとも、まちゼミは立派に成果をあげることができます。

まちゼミ物語

「電動アシスト自転車」講座で大きな成果。だが本人は…？

——北野義晴さん（大東まちゼミ）

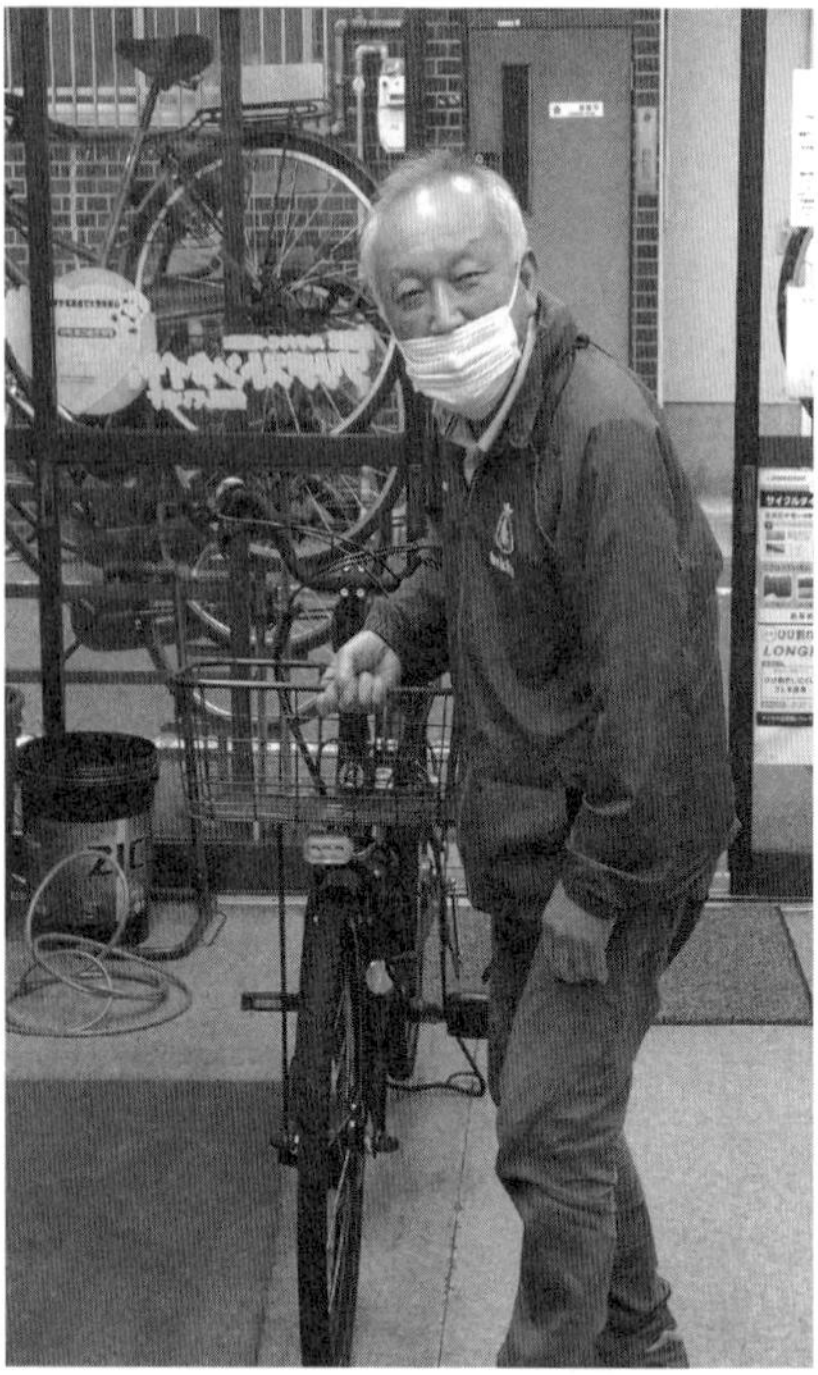

大東まちゼミ（大阪府）のサイクルショップミラノの北野義晴さん。かねてから自分が伝えたかったことを、「自転車は空気が命！」講座で表現しました。（写真提供：北野義晴さん）

大阪市の東に位置する大東市。JR住道駅の南口から徒歩5分、ベージュ色のモダンな壁面の店が現れます。大きなウインドウからのぞけるのが、カラフルな自転車の数々です。

北野義晴さんは、この「CYCLE SHOP MILANO（サイクルショップミラノ）」で43年間（2023年秋現在）、「良質な自転車を低価格で」をモットーに、営業を続けてきました。

2018年2〜3月、第1回大東まちゼミが開かれると、59講座に、のべ700人もの受講者が集まりました。北野さんが開いたのが、「自転車は空気が命！ 簡単セルフメンテナンス」です。自転車がパンクする原因の6〜7割が空気が足りないから。タイヤ圧に注意するとともに、ブレーキ、ライトなど自分でできる簡単なチェック方法の講座でした。

「でも、タイトルを見れば、どんな内容の講座なのか肝もオチも全部わかってしまうじゃないですか。これじゃあダメだと、まちゼミの勉強会でさんざん言われました（笑）。いや、これが僕が伝えたいことなんだ。受講者にはもちろん、そうでない人にもできるだけ多くの人に伝えたい。だからこれでええんだと始めたんです」（北野さん）

受講者には自分の自転車を店まで持ってきてもらい、自分でその場でメンテナンスしていくという実践的な内容が受け、たいへん好評でした。

定員4人の講座を3回開き、すべて満員。計12人集まっただけでも満足でしたが、それだけではありませんでした。

「チラシをまいてから2週間ほどの間、来店客数が10〜20％増えたんです。実際『まちゼミのチラシに載ってましたね』っていう人もいたほど。（大東まちゼミは）もう8回続けていますが、いつも同じ傾向ですね」（北野さん）

大東まちゼミのチラシは、市報とともに、市内の約6万世帯ほどに配布されています。その効果は抜群で、それだけで客数が増えたというのです。その効果が端的に表れたのが、2018年9～10月に行った第2回大東まちゼミの時でした。

北野さんがこの時行ったのが「よく分かる最新電動自転車　体験試乗会！」講座。するとその後、電動アシスト自転車が10台も売れたのです。

定員4人（4組）の講座は毎回満員、3回行ったので受講者は計12人でした。自転車の購入者のうち4人は確かにまちゼミの受講者だったのですが、残りの6人はまちゼミのチラシを見て店にやって来た人たちだったのです。クーポン持参で来た人もいました。

第1回大東まちゼミ後、受講者に向けて送ったまちゼミのDMの効果です。配布作業をいっしょに行えば、自店のチラシを入れることができるという方法で、まちゼミの参加店のうち何店かが集まって封筒詰めの作業をしたのですが、それに北野さんは、サイクルショップミラノのクーポン付きのチラシを入れて送っていたのです。

電動アシスト自転車は、1台10万円前後します。それが10台も一度に売れたのですから、大喜びしてよさそうなものですが、北野さんはこう語っています。

「実はこの講座をやろうとした時、まちゼミの精神に反するのではないかと、ちょっとひっかかったんですね。たとえば自動車の試乗会は、結局のところ売ることが目的です。この講座もそんなことにはならないかと」

実は私（松井）にも事前に北野さんから相談がありました。私は、全く心配ない、どんどんやってくださいと励ましました。講座中に売りつけるようなことをしなければ、全く問題ありません。北野さん自身、私に相談するほどですから、まちゼミの精神や原則はしっかりと理解しています。結果として売上につながったわけで、理想的な展開です。

しかし、北野さんは、電動アシスト自転車の講座をこの回だけで終えました。

「まちゼミの成功例として紹介されることも多いのですが、私の話だけを聞いて、そんなに簡単に儲かるのかと、まちゼミに参加して、なかなか結果が出ずに、すぐに辞めてしまうことになるのが心配です」と北野さん。

まちゼミの趣旨は、受講者に店にまで足を運んでもらい、店主やスタッフの人柄を知ってもらうことです。店のこだわりを伝え、ファンになってもらうことです。そうすることで、結果的に客数が増え、売上げにつながっていきます。その趣旨を忘れ、北野さんは、自分の例がただただ「売れた成功例」として一人歩きしてしまうのを恐れたのです。

北野さんは、地元の商店街や同業者組合で代表や理事を務めてきました。いずれも初めは活発に活動し、意義も感じられました。しかし、いつしか機能しなくなり、みんなやる気を失っていきました。「でも、まちゼミは違います。本当にやる気のある人が集まっています。こんな感覚は数十年ぶりです」と北野さんは興奮を隠そうとしません。「多くはひとりで、個人でお店や事業をがんばっていると思うんですが、みんなで集まれば、ずっと大きな力になります。ひとりではできない成果をあげることができるんです」

コロナ禍の苦しい時期を乗り越えた今、まちゼミの趣旨に本当に賛同する参加店を増やして行きたいと、北野さんは語っています。

「空気は命」講座は続けるつもりですが、「電動アシスト自転車でまち歩き」のアイディアもあります。試乗とまち歩きの両方をかねた講座で、まちゼミ仲間の店を紹介することもできます。「でも、事故が心配で踏み切れません。良い方法がないかと考えています」

まだまだ北野さんの挑戦は続いていきます。

第2章　初めの一歩を踏み出そう

講演会、参加説明会、講座検討会、事前説明会でまちゼミを知る

まず最初の説明会から

まちゼミはどうやって始めれば良いのでしょうか。第2章では、その手順に触れていきます。まちゼミの目的は「受講者とコミュニケーションを取ること」です。そのための「講座中はものを売るようなことはしない」というルールがあります。形だけまねても効果を得られるわけではなく、また長続きもしません。

逆に初めに目的を参加者全員で徹底し、原則をしっかり守れば、業種や地域によっては時間はかかっても、確実に効果はあがっていきます。それは誰よりも講師を務める店主や事業者の方本人が実感することです。

もし、これからまちゼミを始めたいと考えている地域があれば、まず、最初に私を呼んでく

ださい。全国どこへでも飛んでいきます。講演会、あるいはセミナーとしてお話させてください。

これまでも全国あらゆるところへお伺いしましたが、地域の状況は千差万別です。人口数十万の大都市もあれば、限界集落といわれている地方のまち、村の時もあります。まだまだにぎわっている商店街もあれば、シャッター通りと化した商店街もあります。

また、まちゼミをやりたいと考えている方は商店会だったり、商店会を超えた組織だったり、商工会議所や商工会だったり、こちらも実に多様です。全国を歩いてきたおおよその感覚では、商店会が2割ほど、商工会議所や商工会が6割ほど、残りの2割が市町村などの行政、あるいは地域おこしに関わるまちづくり会社やNPO団体です。

最初の講演の内容は、これまで第1章でお話ししてきたようなことです。愛知県岡崎市でのまちゼミの歴史、まちゼミが今の形になってきた経過、試行錯誤を経て、いかに原則やルールができあがってきたのか。そしてまちゼミを開催するようになり、事業者の方がどれほど変わってきたのか。事例を出しながらお話ししていきます。

次に参加説明会で参加事業者を決定

初めの講演会・セミナーから少し日を置いて、次に行うのが参加説明会です。

この時点ではまちゼミを初めて知る人もいますから、再度、まちゼミの概要や意義などをわかりやすく説明し、その後、まちゼミの講座を開くための具体的な話に踏み込んでいきます。

つまり、各事業所ではどのようなまちゼミを行えば良いのか、講座の内容の決め方、タイトルのつけ方、受講者に興味を持たせるにはどのような表現が有効なのかなどについて、いろいろな業種の事例を出しながら説明します。

かなり具体的なお話をするのですが、みなさん、「本当にうちでそんなことできるのだろうか」「自分が講師なんて、とても、とても…」そんな反応がほとんどです。

半信半疑で聴いている方も多いのですが、私は、誰でもどんな店でもどんな事業所でも、まちゼミの講座を行うことは可能だと強調して伝えています。本当に誰でもできるのです。

講座を行う上で、大事なことは、うまく講義を

鹿児島天文館まちゼミの参加説明会の様子。コロナ禍であったこともあり、感染対策を万全にして開催されました。

することではありません。（うまくできればそれに超したことはありませんが）。大事なことは、受講者の満足を最優先に考えることです。

講師の話は全体の半分程度にとどめ、残りの半分を受講者からの質問を受けたり、意見を交換したり、受講者同士が交流したりする時間にあてれば、受講者は心から喜んでくれます。

講座の進め方を伝えるのと同時に、まちゼミ全体の進行のスケジュールや、資金の確保の方法にも触れていきます。まず間違いなくかかるのが、チラシ代です。印刷する枚数や配布方法、配布規模にもより

目的を明確にして講座の内容をよく吟味した後、タイトルを決めて、チラシづくりに入ります。事前の検討が十分であれば、チラシの原稿も迷わず書くことができます。

ますが、数万円から数十万円近くの予算が必要になります。

通常、それはまちゼミに参加する事業者自身でまかないます。もしチラシ代が30万円かかり、参加事業者が30であれば、1事業者あたり1万円の負担となるわけです。

事業者が増えれば1事業者あたりの負担は減りますし、逆の場合、負担は増えます。また、チラシの枚数や配布方法で代金は変わってきます。このあたりの事情は地域で異なります。

地域によっては、補助金が得られることもありますが、それはあくまでスタート時の動力のようなもので、いずれは事業者自身でまかなえるようにしていくようにします。

通常、1事業者あたり（あるいはチラシひとコマあたり）数千円から1万円ほどの負担という地域が多いようです。参加する意志を固めた事業者に対しては、この時点で会費を集め、チラシ制作のための原稿用紙、まちゼミの実施概要書を配ります。まちゼミに向けた秒読みが始まります。

講座検討会で内容を吟味

次に講座の内容を決めるための講座検討会を開くことを推奨しています。参加者には4～5人のグループに分かれてテーブルについてもらい、そこで順番に考えている講座を発表して、意見交換するのです。

受けてみたいタイトルなのか、内容になっているのか、受講者の立場で意見を言ってもらいます。わからないことがあれば率直に質問もしてもらいます。受け答えしているうちに、受講者が本当は何を望んでいるのかが分かってくるのです。自分の講座に自信が持てなければ、それも率直に打ち明けます。きっと励ましてもらえると思います。

講座は一般には多くの人の参加を見込める平日の日中に行われることが多いのですが、子どもに人気が出るはずなので、親子で来れるように土日にしたほうが良いとか、若い人が好むはずなので、仕事帰りの夕方以降にしたほうが良い、という声も出てくるでしょう。

こうして、講座内容のイメージや実施日時が固まっていきます。

鹿児島天文館まちゼミの講座検討会。グループに分かれ、講座内容やタイトル、日程について意見交換します。全国一斉まちゼミを控え、参加者の表情には期待と緊張が入り交じります。

原稿提出は各事業者に任せる

講座検討会でみな自分の講座内容には確信を持てたと思います。あとはそれをどうチラシの原稿として表現するのか。細かなこだわりがあると思いますので、しばらく日をおいた後、チラシの原稿を回収します。

今はメールやグループラインなどを使えば、原稿のやりとりは簡単にできます。しかし、それでもなかなか提出しない事業者がいます。講座検討会で意見交換したにもかかわらず、どこかしっくりこなかったり、そもそも都合が付かずに講座検討会に参加しなかった人もいるでしょう。原稿が遅れる理由はいろいろですが、このようなときはあまり催促しないようにします。

まちゼミをやるかやらないかは、各事業者の主体性に任せるべきです。期限を決めて何度かお知らせすることはしても、原稿が提出されなければ、参加の意志はないと判断します。無理に催促することはもちろん、原稿をわざわざ取りに行ったり、代わりに書いてあげたりするようなことはしません。そこまでめんどうを見る必要はありません。

みな独立した事業者です。それぞれ本業があります。まちゼミ以外のイベントでも起こりがちなことですが、一生懸命に取り組む事業者が負担も背負いがちです。しかし、まちゼミを長く続けていくためにも、特定の人ばかりに負担が偏るようなことは避けるべきです。

早くから運営のための「世話人会」および「実行委員会」の発足を

揃った原稿をもとにチラシの製作を始めるわけですが、ここで運営のための組織についてお話しする必要があるでしょう。

チラシは実際のところ誰がどう手配するのか。これまで説明してきた講演会や講座検討会は、誰が会場を押さえ、関係者に知らせ、開催するのか。

まちゼミの主催が、商工会議所や商工会、まちづくり会社であれば、それら組織の担当者がやってくれるでしょう。講座を開く事業者は言うことを聞いていればまちゼミは実現します。

しかし、チラシの費用同様、いつかは自分たちでまかなわなければなりません。自立しなければならないのです。最初から一事業者の発案で、まちゼミを始めようという地域ならばなおさらです。自分たちで運営する組織を作り、講演会や講座検討会の設定、チラシの作成等、進める必要があります。多くの地域では、事業者の代表として何人かの方が「世話人」または、「実行委員」となり、これらの運営を担っています。早い段階で、やる気のある人に声をかけ、組織を作っておくのです。

さて、原稿が揃ったとしても、字数が多すぎる、間違いがある、誤解を生む表現がある、などなど、いろいろ問題が見つかるのがふつうです。これらも世話人が目を通してチェックするのですが、ちょっと直せば済む程度ならばともかく、基本的には書いた本人にお返しして、修正してもらうようにします。

事前説明会で講座に磨きを

刷り上がったチラシを見れば、みなさん感動し、同時に「いよいよか」と緊張もしてくると思います。チラシに載ったのですからもう講座内容を変えるわけにはいきません。あとは本番に臨むだけ、と言いたいところですが、実際はあやふやなことが多く残されています。

チラシができあがった後に開くのが事前説明会です。講座を一度、発表するのです。

みんなの前に立ち、実際に話し始めてみると、頭の中だけで考えていたことに、結構抜けがあることに気づきます。しかし、話し始めた以上、やめるわけにはいきません。とっさに穴を埋めながら話を続けているうちに、内容が磨かれていくの

岡崎まちゼミの事前説明会。まちゼミ仲間の前で講座を発表して意見を聞きます。実際に話してみれば気がつくことはたくさんあり、内容を磨くことができます。

です。

「話す前まで実は、どうしようと思っていたんだけど、話してみたら結構まとまった」そういう人はけっこういます。

進行上、迷っていることがあれば、それも率直にみなに聞いてみます。意見が割れることもありますが、どの方法が良いのか、挙手してもらって人数の多い方を採用すれば、きっと本番でも多くの人に喜んでもらえると思います。

事前説明会は、自分の講座を見直す場にとどまりません。他の事業者の発表を聞けば、「あっ、うちでも取り入れられそうだ」と思うことが結構あります。それをメモして生かすのです。

まちゼミが始まり、実際に講座を開けば、受講者から他の事業者の講座について聞かれることはよくあります。「あそこの店では○○を」と即座に答えられれば、参加事業者どうしが信頼し合い、連携していることが伝わるでしょう。

成功のために不可欠な各会への参加

講演会、参加説明会、講座検討会、チラシ制作、そして事前説明会と、まちゼミ本番前に必要な手順について簡単に説明してきました。

このうち、参加説明会と事前説明会は、まちゼミに初めて参加しようという事業者であれば必ず出席していただくことにしています。出席することで、少人数を対象に、店内や事業所内で講座を行うことの大切さをよく理解していただけるからです。

地域によっては、このほかに、自主的に集まって話し合ったり、勉強会を開いたりしているところがあります。手間がかかるように思えるかもしれませんが、資料だけは伝わらないことはあります。何度も講座をやって感触をつかんでいる方は別として、どこか不安があったり、しっくり来ないと感じている方ならば、これらの会議には出席して、話を聴いたり、意見交換することをお勧めします。

講演会、参加説明会、講座検討会、事前説明会、そして、まちゼミ後に開く結果検証会の5つを必ず開くこと、また、まちゼミに参加する事業者は参加説明会と事前説明会には必ず参加すること――これらをやりきることで公式のまちゼミとし、共通のロゴが使えるようになります。

各事業所の立場でもう一度詳しく見ていくと

どんな講座もＯＫ、大事なのは受講者とのコミュニケーション

まちゼミ開催前の準備について簡単に説明してきました。といっても駆け足で見てきたため、

初めてまちゼミの講座を開こうという事業所の方にとっては物足りなかったかもしれません。もう一度、おさらいする形で、より具体的なやり方を見ていきましょう。

まず、講座内容をどうすれば良いのか。私はいつでもどこでも「何をやってもいいのです」と言っていますが、そう言われても困惑するだけかもしれません。

そこでまず、ネット等でまちゼミのタイトルを検索してみて下さい。見ておわかりの通りどれも難しい内容ではありません。「あ、こんなことでいいんだ」と思っていただけるでしょう。自分の業種ばかりでなく、他の業種にも目を通してください。そこにもご自分でやれそうな講座がたくさんあると思います。

長年、事業を展開してきた事業主やスタッフたちは、実は豊富な知識や経験をお持ちですが、自分ではたいしたことはないと思い込んでいます。

「え、こんなことでいいの?」と思える内容であっても、講座検討会や事前説明会で仲間の事業所の人に一度聞いてみてください。きっと「実はもっと知りたかったんだ」という声を聞くことができると思います。誰でも知っていそうなこと、よく耳にすることでも、立派な「講座」になり、受講者をたくさん集めることができるのです。

やってみたいことがあれば業種にとらわれることもありません。

たとえば、あなたが飲食店を経営していたとしても、園芸が好きであれば寄せ植え講座を開いても良いのです。そこには当然、園芸が好きな受講者が集まってくるでしょう。そして受講者は「どうして園芸なの？」と、あなたに質問するに違いありません。

それこそがねらいです。「店内を観葉植物で飾りたかったから」「庭いじりが好きだったから」と答えた後は、今度は受講者に「園芸の何が好きなんですか？」「家ではどのようなものを持っているのですか？」と聞いてください。会話を弾ませていくことこそ、まちゼミの醍醐味です。

〝見込み可能客〟との出会いが新事業を生む

「業種にかかわりなく、やりたいことをやってください」と私が言うのには、ほかにも理由があります。自由な発想で講座を開くことで、将来の事業の開拓に役立つからです。

私はかつて、顧客にはいくつかの段階があり、その段階を高めていくことが重要だと学びました。まず、これから顧客になりそうな〝見込み客〟、次に店を一度は利用したことのある〝顧客〟、何度も店を利用してくれる〝再来店客〟、定期的に必ず利用してくれる〝優良顧客（ヘビーユーザー）〟、そして店を心のよりどころにしている〝信者客〟という5段階です。

〝見込み客〟を入り口に、お客様を「上の段階」へと導いていけば固定客が増えて店は繁栄する――そのような理論でした。

私がまちゼミで注目したのが、最初の入り口の部分です。これは私の勝手な理論ですが、「〝見込み客〟の前には〝見込み可能客〟がいると考えています。

講座を、いつもの仕事や専門分野に限ったものにしているうちは、〝見込み客〟もしくはそれ以降の顧客しか目に入りません。しかし、まったく新しいことを始めたいと考えた時、既存のお客様ではないまったく別のお客様を想像して、そのニーズを探らなければなりません。

まちゼミの講座ではそれができるのです。まちゼミで業種や専門にこだわらずに講座を開けば、それまで利用していただいていた既存のお客様とはまったく違う受講者が訪れるでしょう。その人たちが、まだ形になっていない新しい事業の〝見込み可能客〟です。

まちゼミで開催した料理教室をきっかけに、その後も独自に有料の料理教室を開いている飲食店はたくさんあります。まちゼミで絵画教室を開いたところ好評で、新しく有料の絵画教室を事業として始めて軌道に乗せた広告制作会社もあります。私の化粧品店でも、エステを本格的な商売にしたのはまちゼミがきっかけでした。

これまでは考えられなかったような新規事業が見つかるかもしれません。いや、見つけようではありませんか。

通常、新規事業を始めるには事前の調査や投資が必要になります。いきなり店を改装してしまっては、既存の顧客にそっぽを向かれてしまうリスクも伴います。しかし、まちゼミならば大胆に取り組めます。受講者の反応を見て、可能性が高いと判断すれば、新規事業に踏み切ることができるでしょう。

それだけではありません。既存の業種や専門にこだわらずに講座を開けば、あなた自身の商売に対する考え方が変わるかもしれません。

私は小学校3年生のとき、初めて父親に釣りに連れていってもらった日のことを今でも覚えています。それまで私は釣りにはまったく興味はありませんでした。やったこともなかったのですから無理もありません。しかし、父に海釣りに連れて行ってもらったことですっかり釣りが好きになり、それからは友だちと誘い合って海や川へ出かけるようになりました。

エサは何が良いとか、竿はどれを使えば良いとかという話題を友だちと交わすようになり、釣りの話題を通じて新しい友だちもできました。釣りを父から教えてもらったことを境に、自分が本当に打ち込める趣味ができたのです。

まちゼミの講座も同じです。

業種や専門にこだわり〝見込み客〟を探している限り、事業内容は固定され、同業者との競争を意識せざるを得ません。同じお客様を奪い合う関係から脱することはできないのです。

しかし、〝見込み可能客〟は、まだ誰も知らない未知の領域にいます。あなたが創り出そうとしているのは、まったく新しいビジネス、未知のマーケットです。まちゼミによって、同業者とお客様を奪い合う商売から離れ、まったく新しいマーケットを開拓していくのです。

目指すべきは、受講者に心から喜んでもらうことです。「こんな楽しいこと見つけちゃった。」そう思える体験ができる講座をやってみましょう。ワクワクやドキドキの中に、受講者自身がまだ気づいていないマーケットが隠れているはずです。

ここまでやれば準備万端

目的に応じた講座の組み立てを

講座のイメージが湧いてきたでしょうか？　そこまで進んだら、今度は講座の目的を明確にします。

目的として考えられるのが、「新規獲得」「離店の防止」「新たな商いを！」「自身の学び」「チラシでＰＲ」「連携・コラボ」「雇用・事業承継」の７つです。このうちどれが当てはまるのか、ここではっきりとさせます。

そして次に、「①誰に」、つまりペルソナを定めます。

その上で、講座検討会で、ほかのまちゼミ仲間の意見を聞いてください。激励してくれるでしょうし、受講者の立場から、より楽しめる内容になるようにアドバイスがもらえるでしょう。

しかし、順序を逆にしてはいけません。目的とペルソナが定まらないうちに、まちゼミ仲間の意見を聞いても、望まない方向へ向かってしまうでしょう。

たとえば、私の店、化粧品店のみどりやが、次の講座を検討する時、目的とペルソナをあいまいなまま、漠然と「お客様を増やしたいんだけど、何をすればいいかな」と、他のまちゼミ仲間に聞いても、「では、男性のメイクの講座は？」とか「若い男の子向けの洗顔講座がいいんじゃない？」とか、そんな話が飛び出してしまいます。

みどりやが増やしたいお客様の層は50～60代の女性です。そこが得意分野であり、まだまだ開拓できると考えています。

「新規顧客」の獲得のため、50～60代の女性に、平日の日中に講座に来てほしい。そこまではっきりさせた上で、アドバイスを受ければ、より的確な、より具体的な講座の内容や日程がわかってきます。

人を集められる講座とは

もう少し講座のイメージを具体的にしていきましょう。

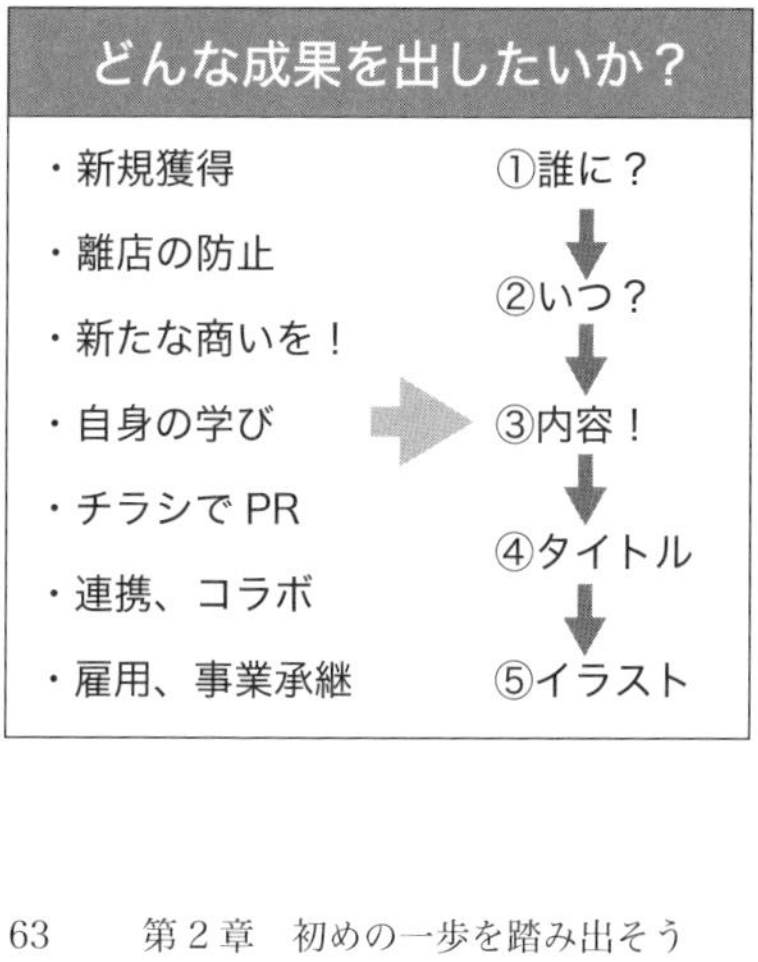

①「楽しそう」「面白そう」、自分が受けてみたい内容に

私は、よくまちゼミの説明会などで事業者のみなさんに、「もし、レストランや居酒屋で講座をやるとしたら、どのような講座だったらあなたは参加したいと思いますか?」と質問します。レストランですから「料理教室」をはじめ、「魚のさばき方」、「おいしい出汁の取り方」などいろいろ出てきます。受講者になったつもりで、どんな講座を受けたいかと考えれば、すぐにその内容を思い浮かべることができます。

「面白そう」「楽しそう」、自分が「受けてみたい」。受講者ならこう思う、感じるに違いないという発想を原点にしてください。

②お客様からの質問をもとに

お客様からよく聞かれる質問も、講座のヒントになります。

注文したサラダがおいしくて、「ドレッシングどうやってつくるの?」と聞かれた経験から「ドレッシングのつくり方」講座で受講者を集めたレストランがあります。「冬場、家の花が枯れてしまうんだけど良い方法はない?」と聞かれた生花店は「冬場の植物の手入れ法」講座で人気を呼びました。

③全国共通の人気講座を参考に

「健康」「料理・グルメ」「美容」、「歴史・文化」に関連する講座は、全国共通に人気のある

講座です。
ある飲食店が開いているのが「糖尿病の人のための栄養講座」ですが、これは「健康」そのものの講座です。化粧品店では「美肌づくり」や「マスクメイク」が人気ですが、これは「美容」関連です。

地元の名所や歴史に関する講座はどの地域でも好評で、事業者の業種に関係なく数多く行われています。

魅力的なタイトルの付け方とは？

内容が決まったら、、それを魅力的に見せるタイトルを考えます。

たとえばあなたは、出汁の取り方の講座をやりたいと考えているとします。しかし、タイトルがそのまま「出汁の取り方」ではあまりにも当たり前すぎます。そこで「おいしい出汁の取り方体験」というように、どんな出汁なのかがわかるように言葉を加えます。これで少しだけ魅力が増しました。

さらに「自宅でできるおいしい出汁の取り方体験」にすれば、けっして難しい料理ではなく、手軽にできることを伝えられます。それに加えて「20年の板長経験者が教える、自宅でできるおいしい出汁の取り方体験」とすれば、とてもありがたい内容であるようにも思えてくるはずです。自分の持っている技術や資格、経験をこの際、洗いざらい棚卸ししてみましょう。お店や事業所の歴史や背景も振り返り、講座の価値を上げられるものはすべて使うのです。何も思いつかなければ、「プロが教える○○」というフレーズは効果抜群です。

タイトルによっては、どのような受講者に来てほしいのか、あらかじめ伝えることもできます。「初心者のための○○」という講座はよく見かけますが、これは経験はなくとも気軽に参加できそうと思ってもらえます。

実際に初心者に来てもらえるだけでなく、このタイトルでずっと講座を続ければ、講座を一度受けた人は、もう初心者ではありませんから、連続して同じ講座を受けることはなくなり、講座のたびに新規の受講者がやってくるようになります。

タイトルの付け方で参考になるのがビジネス書です。よく目にするのが「よくわかる○○」でしょう。まちゼミのタイトルとしても有効です。「こうすればできる○○」「あなたにぴったりの○○」も使えるフレーズです。

一方、否定的なものはお薦めできません。「間違いだらけの○○」「○○はなぜ失敗するのか」は、書籍としては読んでみたくなっても、講座では、受講者は自分の間違いや失敗を指摘されるのでは、という気になります。せめて「失敗しない○○」が良いと思います。

また、「売りつけられそう」「宣伝じゃないの？」と受講者に思われそうなタイトルは避けるようにします。たとえば眼鏡店が「あなたにピッタリの眼鏡の選び方」とか、保険代理店が「あなたに合う保険のアドバイス」という講座を開けば、たとえ店側に売る気はなくとも、受講者は身構えてしまうかもしれません。

内容とタイトルは、ぜひ事前説明会でほかの参加事業者の前で披露してください。よく考えたつもりでも、いざ、人前で発表してみると、あいまいな点や見落としがあることに気がつきます。自分は本当は何を伝えたいのか、改めて考えを整理するのです。

平日、休日、日中、夜間で受講者層は大きく変わる

講座の内容やタイトルと同じくらい、いいえ、ひょっとするとそれ以上に大事なのが、講座を行う日時です。

受講者が本当にやって来るのかどうか、受講者を増やすことができるのかどうかは、タイトルや内容よりも、開催日程の決め方にかかっているといっても過言ではありません。

まず、全国のまちゼミで取られている受講者へのアンケートを見ると、講座開催日として最も適しているのが平日の日中です。受講者の多くが中高年の女性であることを考えれば自然なことでしょう。多くは専業主婦であり、時間が自由になるのは日中です。中でも午前11時と午後2時の開催が特に好ましいという結果が出ています。

一方、都市部では休日の講座開催も求められています。外で仕事を持つ人にとっては、休日や夜間でなければ講座への参加が難しいからです。また、子ども連れでまちゼミに参加したい人にとっては幼稚園や学校が休みの日が唯一、受講可能な日となります。

追加講座で受講者の満足度を最大に

まちゼミの講座の日程を組むときは、追加講座も念頭に置きます。

チラシの配布が終わり、いよいよ予約の電話がかかってきます。そして幸いにも予定していた定員はいっぱいになりました。それだけでもあなたの講座は成功と言えるのですが、定員からあふれてしまったお客様の満足度は上がりません。

そんなときに便利なのが追加講座です。これもチラシで公表していた日程とは別に、それに近い時間を確保しておきます。そして、定員がいっぱいになってしまった後、さらに電話が入ったら、「その日時はあいにくもういっぱいなのですが、同じ日の○時ではいかがですか？」と薦めるのです。予約したいと思っていた日時に近い時間ならば、都合のつく人は多いはずです。こうして受講者を増やすことができます。

もちろん追加講座の分だけ講座の数が増えますから、対応する店主や事業者、社員、スタッフたちの負担は大きくなります。多忙な日は避け、あらかじめマンパワーを十分に考えた上で計画的に対応するのが良いでしょう。

講座日当日に予約した人が現れないこともあります。キャンセルは「うっかり忘れていた」とか「お店の場所がわからなかったから」という理由が多いようです。予約を受け付ける際は必ず先方の連絡先を聞いておいて、講座開催前に必ず確認の連絡を入れるようにします。そうすればキャンセルを防ぐことができます。

新型コロナへの対策のため、ウェブの利用が進みました。電話ばかりでなく、メールやSNSを用いて予約の受け付けを行う地域も増えました。講座前の予約確認もネット経由でいっせいにメッセージを送付すればよく、大幅に手間を省くことができます。

スマートフォンが普及して、SNSを日常的に使っている人は増えましたが、一方では、まだ使っていない人、使えない人もかなりいます。電話でもSNSでも、どちらでも受け付けられる時代になりましたが、常に両方に注意を払っていなければ、ダブルブッキングになってしまったり、せっかくメールを受け取ったのに、迷惑メールに分類されて、受付が漏れてしまうケースが出ています。確実に受け付けられるひとつの方法に絞ることが望ましいでしょう。

チラシは重要なＰＲツール

〝人〟を前面に

地域の人たちに、まちゼミの存在を知らせる代表的なツールがチラシです。多くの地域では新聞の折り込み広告として配っていますが、表紙の「○○まちゼミ」というタイトルとおなじみのロゴ、そして講師を務める事業者やスタッフたちの「集合写真」はほぼ共通しています。どの人も笑顔でやる気に満ち、思わず会って話を聞きたくなります。一般の新聞のチラシでは人の顔が見えることはほとんどありませんが、まちゼミのチラシの表紙は人でいっぱい。まちゼミの魅力――〝人〟をそのまま表現しているのです。

ページをくくって見開きにするとズラリ講座が一覧できる作りも多くの地域で共通しています。１講座ひとワクに講座のタイトル、サブタイトル、説明文、日程、連絡先がコンパクトにまとめられていますが、ここでも、店主や事業者、スタッフの顔写真があれば、親しみはぐっと増します。

恥ずかしくて「自分の顔写真など載せられない」という人もいますが、大きな写真ではないので、この際、思いきって自分を押し出してはいかがでしょうか。

講座内容がわかる写真でも良いのですが、どうしても説明的になってしまいます。やはり〝人〟が出てくる効果は大きいと思います。どうしても顔を出すことが嫌ならば、絵の得意な人にイラストを描いてもらう方法もあります。

ダイレクトメールも有効

ＤＭ（ダイレクトメール）も有効です。講座後、受講者へのアンケートにあらかじめ「ＤＭ送付の可否」の項目を加えておき、送り先の記入もお願いします。次のまちゼミの予定が決まったら、許諾を得た人にＤＭを発送するのです。

ＤＭのメリットは読んでもらえる率が高くなることです。一度、まちゼミを体験すれば、次回を楽しみにしている人は多いでしょう。必ず封を開けて読んでいただけるでしょう。

半面、ＤＭは手間がかかります。自分たちで発送作業をすればお金はかかりませんが、チラシを小さく折りたたんだり、封筒に入れたり、発想部数が増えるほど作業量は多くなります。

岡崎では、その作業を分担する仕組みをつくりました。毎回、まちゼミのチラシができあると、ＤＭ発送のための作業日を決め、参加事業者にＤＭの作業に加わるように声をかけます。

しかし義務にはしません。作業に加われば、自分の店のチラシも持ち込み、まちゼミのチラシとともにＤＭの封筒に同梱して良いというルールです。

岡崎の場合、新聞折り込みのチラシは約6万部ですが、DMの発送数は800ほど、つまり1・3％ですが、集客効果は変わりません。つまりDMのほうが75倍も効率が良いわけです。確かに労力はかかりますが、DMの費用対効果は抜群です。

小中学校に配布できれば信用は絶大に

もうひとつ増えてきたのが、地元の小中学校や市役所・町役場、市民センターなどへチラシを置いてもらう方法です。

中でも小中学校への配布ができれば、その効果は計り知れません。子どもたちから親御さんへ確実に届きますし、必ず目を通してもらえます。何より学校を通すのですから、まちゼミそのものも、参加事業者の信用度も大幅にアップします。

早くから小中学校へのチラシ配布を実現した浜松まちゼミでは、受講者の層がぐっと若返ったという効果も現れました。それまでは50代から70代の女性がほとんどでしたが、30代、40代の女性たちと、その子どもたちの参加が全体の半数を占めるようになったのです。

最近は、小中学校で子どもたちの「職業体験」の場を探していることもあり、小中学校がまちゼミを積極的に応援してくれる傾向にあります。ぜひ、小中学校経由でのチラシの配布を実現させてください。

地味だが効果抜群の店頭での配布

さて、もうひとつ、各店の店頭にまちゼミのチラシを置いて配るというオーソドックスな方法があります。当たり前過ぎて見落としがちですが、お客様が来店するたびに「来月からまちゼミが始まるんですよ」とひと声かけるだけで、大きな効果が期待できます。

その時、自店の講座を説明できるだけでなく、他の参加事業所のことも頭に入っていれば、お客様が興味を持ちそうな講座の紹介ができます。地域一体となった取り組みであると強調できるでしょう。

チラシの配布方法については、ほかにも地域を歩いてポスティングしたり、駅前など人通りの多いところで手配りする例があります。いずれも事業者自身が身体を動かせばお金はかかりませんが、手間はかなりのものになります。一部の人に負担が偏らないように、DM発送のように作業に加わった人にメリットがある納得できるルールをつくる必要があるでしょう。

最近ではツィッター、LINE、Facebook、インスタグラム等、SNSで講座を紹介したり、動画を作ってYouTubeにアップする例も増えました。これら新しい動きについては第4章で事例とともに紹介します。

今ではPRの手段は多様なものが揃いました。地域の事情に合わせて使い分けながら、最小の経費で最大の効果をあげる方法をぜひ見つけてください。

まちゼミ物語

まちゼミで事業復活、新規開設も

——北原清子さん（飛騨金山まちゼミ）

岐阜県のほぼ中央に位置するのが下呂市金山町——地元では飛騨金山と呼ばれる土地です。90％が森林で、飛騨川や馬瀬《まぜ》川沿いにまちや集落が延びています。

北原清子さんは、地元では「北原先生」として知られる多才な人です。

小学校4年の時にそろばんを始めると上達して、高校2年のころにはそろばん塾の助手を務めました。結婚後、保母の仕事のかたわら自らそろばん塾を開業し、一時は地元の飛騨金山だけでなく下呂など9か所の会場で、総勢300人もの生徒を教えたこともあります。

ダンスは38歳で始めて、こちらも熱心に取り組んだところ、全国大会に出場するまでになりました。1500人の女性の中でたったひとりに与えられるクイーン賞を受賞したこともあります。ダンス教室も始めて、こちらも金山と近隣の市町村の複数の会場で教えつつ、老人ホームなどへの慰問も続けました。

「音楽やお話を聴くのもいいんですが、お年寄りにはやっぱり自分でいっしょにできるダンスが一番。ブルースぐらいでしたら誰にでもできますし、衣装ももっていくのですが、お

ばあさんたちどうしで、赤いスカートの取り合いになったこともあります（笑）」（北原さん）
そろばん塾は70年、ダンス教室は30年にわたって続け、これからもずっと続けるつもりでした。しかし、そこに大きく立ち塞がったのが新型コロナです。生徒の親御さんが感染するなど、さすがに塾や教室を続けることを見直さざるを得なかったといいます。
「生徒数も少なくなりましたし、そろそろ（辞め時）かなと考え始めたんです。でも、続けてほしいという親御さんもいて、いったいどうしたものかと……」（北原さん）
北原さんが相談したのが、金山町商工会の所考廣さん（当時。現在は白川町商工会勤務）でした。２０２１年の春のことです。
所さんは「北原先生」を「絶対に辞めさせてはいけない」と考えました。地元ではよく知られた人です。他の人への影響も大きかったのです。そこで２０１９年１～２月から始まった飛騨金山まちゼミのことを話しました。
所さんはこう説明します。「金山でまちゼミを始めたそもそものきっかけは、２０１８年7月に起きた豪雨災害でした。復興してまちを盛り上げていこう。まちの火を消さないようにしよう、と始めたんですが、被災した花屋さんがまちゼミでフラワーアレンジの講座をしたところ、のべ１００名もの受講者が来てくださったんです」
子どもからお年寄りまで自分で体験できて、作ったものは持ち帰ることができる。そこが人気の理由でした。

所さんの話を聞いて、北原先生の中でひらめくものがありました。北原先生は、2021年1月の第3回飛騨金山まちゼミから講座を始めることにしたのですが、それはそろばんでもダンスでもありませんでした。「珍しい苔ボトルを作りましょう。」苔をガラスの器に植えて、観賞用にしようという講座です。

「息子も主人も理科の先生だったんですが、特に息子は苔に興味を持って、孫の夏休みの自由研究のために、いろんなところに足を運んで珍しいコケを取って来たりしていました。自由研究は県で準優勝もしました」（北原さん）

息子さんが全国から集めてくる珍しいコケを使って、何かできないだろうか。おりしも「苔テラリウム」が静かなブームを呼んでいました。コケをガラスの容器に植えて育て、箱庭よりもさらに小さな独特の世界を楽しむのです。

「珍しい苔ボトルを作りましょう」講座にはのべ74人もの受講者が集まりました。反響に驚くと同時に、北原先生は、持ち前の行動力で、新規ビジネスとしてコケ教室を開くことにしたのです。

それだけではありません。やはりコロナ禍のために休まざるを得なかったのですが、ダンス教室も復活させる希望がわいてきました。商工会の所さんが、そろばん教室の床の張り替えに、補助金が出ることを教えてくれたのです。さっそく応募して床を張り替え、ダンス教室に改装しました。

そして次の２０２１年９～10月の第４回飛騨金山まちゼミでは、「めずらしいい苔アート」をつくりましょう」とともに「初心者向けやさしい社交ダンス」の２講座を開きました。

それから２年、北原先生は、苔教室、ダンス教室ばかりでなく、造花をアレンジメントするフラワーアート教室、さらに陶芸教室（こちらは別に先生を招いて）も開いています。

改装してすっかり新しくなったダンス教室の生徒は現在30人ほど。男性も７人います。

苔テラリウムは販売も実現しました。

50人ほどの生徒がまず陶芸教室に集まって陶器を作ります。自分で焼いた陶器にコケを植えて、苔テラリウムを作り、それを地元の道の駅で売るのです。ガラスの容器の苔テラリウムはよくありますが、陶器を用いた苔テラリウムは世界で初めだそうです。

「陶器は土代や焼き代がかかりますから、ひとつ２０００円ほどにしますが、それが売れていきます。ガラスのも作っていて、こちらはひとつ２００～３００円。１度に５～６０００円から1万円程売れる時もあります」（北原さん）

月に２度ほど販売の時期を決め、それに合わせてみんなで集まり相談しながら作るそうです。関わっている女性たちを「苔娘」と呼んでいます。

「みんな70代以上。でも『苔ババア』じゃかわいそうですからね（笑）。お年寄りは、車にも乗れない、買い物にも行けない、だから家に閉じこもりがちです。でも、手が動かせれば陶芸もできるし、苔テラリウムも作れます。そういう人たちを引っ張り出して、私のところで陶器を作ったり、苔をいじったり、頭も身体も動かし続けてもらいたい。一緒にお茶も飲んで、食事を出すこともあります」（北原さん）

商工会の所さんはこう言っています。

「北原先生自身、もう80歳を超えていますが、そんな方のパワーにみんな引きずられて、私も北原先生みたいに生涯がんばらねば、という声も聞こえてくるほどです。北原先生はいつまでも街の北原先生でいてほしい」

コロナを乗り越え、現在、飛騨金山まちゼミには、商業関係者ばかりでなく、製造業や農業、畜産業の人たちも加わり、非常に多様な講座が揃うようになりました。

2022年9～10月の第5回では、地元の中学生に職業体験もしてもらいました。店頭に立って接客するだけでなく、まちゼミの準備を手伝ったり、当日は受付をしたり、写真撮影をしたり、まちゼミを通した職業体験です。

所さんは続けます。

「地元に高校がないため、中学を卒業すると、みんな美濃加茂とか可児とか、ほかの街へ出て行ってしまうんですよ。地元にもこんな楽しい職場がいろいろある。それを実際に体験してもらって、将来の商工業の担い手、後継者になってほしいと思っています」（所さん）

女性の口コミで、まちゼミに新規に参加する事業者も増えてきました。受講者も増え、地元のおじいちゃんやおばあちゃんが、他の土地で暮らす子どもや孫にまちゼミのことを知らせ、里帰りした子どもや孫たちといっしょに受講する例もあるそうです。岐阜や名古屋から自動車で数時間走らせて受講する人もいます。

事業者としても受講者としても、地域をまるごと盛り上げようとしているのが金山町商工会の会員さんたちです。

第3章　続け方と仲間の増やし方

さあ、講座をやってみよう

講師が話すのは半分の時間で良い

講座の時間は通常、1時間から1時間半ですが、すべてを講師が話さなければならないわけではありません。その半分ほど、つまり30分から45分ほどで十分です。残りの半分は受講者が体験できたり、質問に答えたり、受講者どうしが交流できる時間にするようにします。

また、質問にはその場で完璧に答える必要はありません。「後日答えます」と質問をメモして、しっかり調べて答えることが望ましいでしょう。真摯な姿勢を示すことが信頼感につながりますし、講座後に受講者に連絡を取るきっかけになります。講座中ならばほかの受講者が助けてくれることもありますし、それをきっかけに、受講者同士が話を始めれば、それこそ求めているところです。

開催前は「時間が余ってしまうのでは?」と心配する人は多いのですが、結果検証会で聞けば、時間が余って困ったという声はほとんどありません。むしろ「時間いっぱい使ってしまった」「延長しなければならなかった」という声が全体の3割を超えるほどあります。困るどころか、「にぎわって楽しかった」という感想がほとんどです。

まちゼミは講義ではなく、事業者と受講者、あるいは受講者同士のコミュニケーションを図ることが目的です。講師は楽しく時間を過ごすための進行役と考えた方が良いかもしれません。

話を促し、傾聴し、楽しく交流できるように

「何か新しいことを体験したい」と講座を受講した人は、感想をほかの受講者とともに分かち合いたくなります。もともと同じ講座を選んだ間柄ですから、他の受講者とは趣味や好みが一致しています。きっかけさえあれば、どんどん話ははずんでいくでしょう。

講師役の人は、受講者が心ゆくまで話せるように聞き役に徹しましょう。話がどんどん膨らんでいくのを促すのです。受講者の中にはときどき、みんなの話の輪に入っていけないおとなしい人もいます。そのときは「○○さんはいかがですか?」と、話題を振って輪に入れるようにすることも良いでしょう。

受講者の中にはその道のプロのような人もいますが、たいていの人は講座の内容に少しだけ

興味があり、試しにやって来たという人です。「初心者の○○」というタイトルの講座ならばなおさらです。新しい知識とともに楽しく交流できたワクワクした記憶とともに、満足して帰っていただければ成功です。

講座内容で「講師が自分でやりたいことを」と薦めているのも、講師が楽しく講座を進めれば、その楽しさが受講者に伝染していくからです。自分の趣味や、これまでやりたかったけれどもやれなかったことを、ここで思いきりやってください。

うまくやろうと思う必要はありません。受講者が助けてくれます。講師よりも知識や経験のある人がいれば、その人を盛りたて、その人にどんどん話を振って話題を広げていきます。受講者一人ひとりが講座の主役です。むしろ、一人ひとりに話す機会をつくり、誰もが気持ち良くなって帰っていただければ良いのです。

受講者が少ない講座は、全事業所でフォローを

さて、受講者が集まり、上記のように話が盛り上がれば成功ですが、残念ながら受講者に恵まれない事業所が出てくることも事実です。

でも、決して悲観しないでください。タイトル名や講座内容については、まちゼミ仲間の意見を聞きながら改善を繰り返すことで、着実に受講者を増やすことはできますし、単にスケジュールが合わなかったことも、人が来ない大きな理由になっています。

リーダーや実行委員に「まだ、受講者が集まっていない」と伝えましょう。恥ずかしいことではありません。どの地域のまちゼミでも、一定の割合でそのような講座はあります。

リーダーや実行委員はほかの事業者にすぐ連絡を入れ、まちゼミの参加事業者全員でその講座をPRするようにします。各事業所の講座が終わるたびに、受講者に「あの講座に空きがあるようです。行ってみてはいかがですか？」と言ってもらうのです。

受講者のみなさんは講座で楽しい体験をしたばかりですから、関心のなかったテーマについても、きっと興味を持ってもらえます。一人でも受講する人が現れれば、その人を通じてクチコミで話題は広がっていくでしょう。

3年以内に2つのヒット講座を

集客と収客の両面を考える

講師として初めての講座は緊張でガタガタ、心臓はバクバク、冷や汗をかきかき、それでも終えれば大仕事を成し遂げた達成感でいっぱいでしょう。

しかし、実は本番はこれからです。

どうすればもっと受講者を集められるのか？　どうすればもっと参加事業者を増やし、まちゼミ全体を盛り上げていくことができるのか？

まちゼミは続ければ続けるほど地域の人たちに知られる存在になり、一つのブランドとして多くの人たちの意識の中に定着していきます。また一つ一つのお店や事業所にとっては、「ぜひ、またあそこへ行ってみたい」「あの人から買いたい」と思ってもらえるようにしたいものです。目指すのは「集客」です。文字通りお客様を集めること。まちゼミでいえば、受講者を多く集めるのです。

そして次に目指すのが「収客」です。お店であれば、実際に買物をしていただけるお客様になってもらうこと。事業所であれば、商品やサービスを利用していただくことです。

しかし、これまで何度も触れてきたように、「売らんかな」の姿勢が少しでも表れると、とたんに受講者は身構え、それまで築いてきた信頼関係は崩れてしまいます。「まちゼミでは商品を売らない」という原則は最初から最後まで絶対に守らなければなりません。

まちゼミで目指すのがまず「集客」。受講者にいかに喜んでいただけるのか、講座への受講者の満足を最大にするために何ができるのか。そのために講座の内容を磨いていくのです。

いくつも試して、その中から長続きし売上げにつながる講座を見つける

初めは受講者を集めることに苦労するかもしれません。でも、諦めてはいけません。ぜひ仲間の事業者に、講座のタイトルからどういう印象を受けるか聞いてみてください。「これはいける！」というものが見つかるまで、タイトル、内容についていくつも候補を出してください。

ある布団店では、当初「あなたにピッタリの布団の選び方」講座を開きました。しかし、店主にその気はなくとも、タイトルの「あなたに」という言葉に、受講者はいかにも「売りつけられそう」な感覚を覚えたのでしょう。今一つ受講者を集められませんでした。

しかし、その後、同店では「寝心地体験講座」や「枕づくり講座」を始めたところ人気が出始め、今では古い布団を用いた「座布団づくり講座」が定番になっています。受講者が体験できて、しかも自分でつくったものを持ち帰れるところが魅力です。

多くを試せば必ずヒットする講座を見つけられます。準備はたいへんですが、一つでも見つけられれば、それだけでまちゼミに取り組む意欲が湧いてくるはずです。

「集客できる講座」が見つかれば、できるだけ長く続けてください。まったく同じ内容とタイトルでそのまま続けるのです。毎回、タイトルも内容も変えた方が受講者にも喜ばれるので

は、と思うかもしれませんが、現実はむしろ変えない方がずっと長く維持できます。

岡崎の「竹内文具店」が始めた「初心者の為の万年筆講座」はヒット講座となりましたが、今では全国の文房具店が同様の講座を採り入れています。「初心者の」と謳っているため、誰でも気軽に受講できますし、毎回、新しい人が集まってきます。

「集客できる講座」をひとつ定番として続けつつ、そこから冒険して、少しだけ変えた講座にぜひ挑戦してください。

再来店者を増やす3つの方法

何よりも分母――受講者数そのものを上げる

講座で一定の受講者を迎えられるようになれば、少しでも多くの受講者に今度はお客様として店に来ていただきたいものです。「収客」です。

そのための第一の方法が、受講者数を少しでも増やすことです。

同じ内容やタイトルで講座を続ければ、「再来店率」は一定の値に落ち着く傾向があります。受講者が、買物のためにもう一度店を訪れる率です。地域や業種によって差があり、後述するようにアフターフォローでも差が出るのですが、通常は20〜25％です。

再来店率が2割ならば、講座に10人の受講者を呼べば、後日、2人がお客様として再来店することになります。分母を20人にすれば4人になります。

受講者数を増やすためには、講座数を増やします。そのためできるだけ講座の日程を多く取るようにするのですが、その時も、平日が集まりやすいのか、休日なのか、日中が良いのか夜間なのか、過去の実績から傾向を考えて調整するようにします。

感動は小さな満足の積み重ねで

再来店率をあげる第2の方法が、受講者の感動値を上げることです。

感動とは受講者を驚かせることと思っている方がいますが、それは違います。

感動とは小さな満足の積み重ねです。

店はきれいに掃除されていますか？講座に使うテーブルにテーブルクロスをかけたり、花を飾ったり、ひと工夫するだけで受講者の満足度はアップします。講座中は受講者の話にしっかりと耳を傾け、共感することも大事な要素です。

講座後は講座を受けた証明として認定証や受講証をお渡しすれば、満足度は格別なものになるでしょう。受講した方だけが受け取れるクーポンも有効です。

講座後は店の外までお見送りし、講座の様子を写真に撮って（もちろん承諾いただいて）、お礼のメッセージとともに送るフォローアップも効果的です。

確実に再来店率を上げるアフターフォロー

再来店者を増やす第3の方法が、アフターフォローをしっかりとすることです。はがきやDMでお礼と来店を促す言葉を送ります。最近はメールやSNSで伝える例も増えました。

それは第1に、まちゼミでは「販売しない」ことがルールで、チラシにもそう謳っているため、改めてお店には買う価値のあるものがたくさんあることをお知らせするためです。

第2に、講座で感動していただいても、日が経つにつれて記憶は薄れていきます。それを思い出していただき、来店しようという気持ちを起こしてもらうのです。

第3に、いったん足が遠のいたお客様は、再び店に行きにくいと感じているでしょう。コロナ禍ではそんなことがよくありました。ご来店を待っている旨をきちんと伝えれば、抵抗なく再来店していただけるでしょう。

アフターフォローは再来店を確実に促します。ある地域のアンケートでは、アフターフォローのあるなしで再来店して売上げにつながった率は20％も違っていました。

受講者にとってアフターフォローがうれしいのは、他の受講者と交流した楽しさがよみがえるからです。ですから受講者どうしが再会できる〝同窓会〟のような企画も有効です。

まちゼミをきっかけに有料の教室を開いて成功した例は全国でかなりの数にのぼりますが、それも、他の受講者と過ごした楽しい体験を、お金を払ってでも再び味わいたい人が大勢いるためでしょう。ぜひ「もう一度あの人と会いたい」という願いをかなえてあげてください。

新規の事業者を増やすために

まちゼミにたくさんの講座が揃っていることも、受講者の満足度をあげる重要な要素です。それには大勢の事業者が集まっていること、そして新規の事業者が常に加わっていることが条件になります。全国での、新規事業者獲得のための取り組みを見ていきましょう。

入りやすい「仲間まちゼミ」で新規参加事業者を募集

まちゼミを知らないお店や事業者に、参加を呼びかけることは容易ではありません。そもそもまちゼミとはどういうものか、説明しなければならないからです。しかし、何度かまちゼミを行ってきた地域ならば、既存の講座に参加してもらえば、どのようなものかはすぐにわかります。

それが事業者同士で行う「仲間まちゼミ」です。

新規参加を促す仕組みで参加事業者増へ（松尾久美さん、日南まちゼミ）

まちゼミへの新規の事業者を増やすため、創業支援から相談講座、ミニ講座（仲間まちゼミ）などの独自の制度で、一貫した仕組みを整えているのが日南まちゼミです。

宮崎県南部の沿岸に位置する日南市は、温暖な気候と豊かな自然、海の幸に恵まれた、人口約5万人の市です。日南商工会議所は、市内に分散する事業者や商業者を一軒一軒回って参加を呼びかけ、2017年秋、日南まちゼミを立ち上げました。以後、年1度続けています。

「講座は40ほどまで増えましたが、新型コロナの影響で18講座にまで減りました。まちゼミそのものをやめようかという話も出たほどです。しかし、その18講座の人たちの『続けたい』『がんばる』という声に推され、続けることにしました。2022年秋の第6回は、29講座まで回復させることができました」

こう日南まちゼミの状況を語ってくれるのは、日南商工会議所の松尾久美さんです。

回復させた29講座のうち、なんと3分の1の10講座が新規参加店によるものでした。どうしてそれが可能になったのでしょう？

「毎月、創業塾を開催していますが、そこで『まちゼミに参加しませんか？』とお声がけをします。『参加すれば、チラシに載りますし、地図も掲載されます。幸先のよいスタートが切れますよ』と案内しているんです」（松尾さん）

商工会議所の大事な仕事のひとつが創業支援です。日南商工会議所では、新たに事業を始めようという人と顔を合わせる機会を利用して、積極的にまちゼミを紹介、参加を促しています。開業後のＰＲと、まちゼミそのものの活性化の両方を図る意図からです。

また、その後のフォローも充実しています。

日南まちゼミでは、開催の準備として開く「事前セミナー」の前に、独自に集まる機会を何回か作っています。その中のひとつが、新規の参加者を招いた「講座の相談会」です。既にまちゼミに参加している事業者からアドバイスをもらう場です。

「（既存の事業者から）失敗談もしていただけるので、みなさんほっと肩の力が抜けますね。アドバイスする方々にとっても、新しい方ともっと知り合いたい、仲間を増やしたい、そんな気持ちで対応していただいています」（松尾さん）。

さらに「ミニ講座」も開きます。ベテランの人たちが講師となり、新規参加者が受講者となって、まちゼミを体験できる講座です。「仲間まちゼミ」のことです。ここまで準備した上で、参加事業者全員を対象にした事前セミナーへとコマを進め、本番の日南まちゼミへ挑みます。

第６回から新規で参加した事業者のひとり、「いまにしこころの相談室」の今西広嗣《ひろつぐ》さんも、これらの過程を経て、初めての講座に挑みました。

心理士として病院で心理検査や面接の仕事をしてきた今西さんは、うつ病をはじめ心の問題に悩む人のための「〝ほっ〟とできる場所」を提供したいと独立し、自分の「こころの相談室」をまちゼミでより多くの人に知ってもらいたいと考えました。

「でも、田舎ですから、心の病だとはみなに知られたくないという人は多いと思います。安心して来ていただけるところなんだよ。それを伝えられる講座ができないか。それをみなさんに相談したところ、本当にいろいろな意見が出され、最終的に『心理士から学ぼう、心の声の聴き方』講座になりました」（松尾さん）

心の病で悩んでいても、人には知られたくない。ならばどこを入り口にすべきか。まちゼミ仲間たちといっしょに考え出した結論が、悩んでいる人に直接呼びかけるのではなく、まず、見守る人のための講座を開こうということでした。これが「心の声の聴き方」講座です。

実際に今西さんが講座を開くとたいへん好評で、クーポン配布の効果もあり、その後「こころの相談室」を繰り返し利用する人が増えました。

アドバイスするのは、講座の内容やタイトルばかりではありません。チラシの原稿の書き方、実際の講座の時間配分、わかりやすく伝わりやすい資料の作り方などなど、求めに応じてこと細かく助言していきます。新規事業者は不安なく、まちゼミに挑むことができます。

日南まちゼミの体制は、既存の参加事業者にも勇気を与えています。新たな事業を想定した実験的な講座を行う事業者が増えています。

自然療法やリンパケアなどを行う「とうごうのサロン」の竹中可奈子さんが第6回日南まちゼミで行ったのが、「生年月日で分かる！　うちの子どんな子数秘術」でした。次の事業化をねらった講座でした。

また、この回の一番の人気講座が、有衛富男《ありえとみお》さんの「簡単！　キラキラ糸掛曼荼羅」講座でした。円形の板に打ち込んだ釘に鮮やかな色の糸をかけて、曼荼羅を作っていく体験講座です。有衛さんはレストランの飫肥ワイン食堂「ANBERASHU《あんべらしゅ》」を経営していますが、過去には手作りの「ニチナンクリームチーズ」を販売するなど、話題を呼ぶ挑戦を続けてきました。

「曼荼羅」も有衛さんの多様な趣味のひとつですが、今後、どう展開していくのか、多くの人が注目しています。

「コロナ禍により、助け合わなければという気持ちが共通のものになっていきました。アドバイスしたり、されたりの仕組みも自然に浸透していきました」と松尾さん。

折しも日南まちゼミは、第6回から商工会議所の補助金による運営を卒業し、事業者の参加費のみで運営することになりました。準備や進行も自分たちで行いました。

「リーダー候補はもう何人もいます。やる気のある人が、コロナでさらに意識を固めました。

怖い物はありません」と松尾さん。

コロナという試練を経て、日南まちゼミはいっそう強くなったようです。

7つのコラボで講座数はいっきに倍増（八頭まちゼミ、木下裕史さん）

新規の参加事業者を増やす方法としては、コラボレーション（以下コラボ）も見逃せません。すでにまちゼミを経験した事業者が、新たにまちゼミに参加したいと考えている事業者を誘って、いっしょに講座を開くのです。

まだまちゼミに参加したことのない事業者にとって、講座でいったい何をすればよいのか、どう進めれば良いのか、イメージすることは難しいものです。しかし、何度も経験した事業者といっしょに講座を開けば、負担は半分、ストレスも半分、分からないことがあればその事業者に気軽に聴くことができます。次からは単独で行う意欲も湧いてくるでしょう。

実際にコラボにより参加事業者を大幅に増やしたのが、鳥取県の東の端、人口1万6千人の八頭町で行われている八頭まちゼミです。

2019年秋から始まった八頭まちゼミは、年に1度のペースで続けられてきました。しかし、コロナの影響もあり、参加事業者も受講者もなかなか増やせません。そんな中、木下工業の専務であり、八頭町商工会の副会長でもある木下裕史さんは、2022年秋の第4回八頭まちゼミで7つのコラボ講座を開いて新規参加店を倍増させ、講座数もいっきに2倍にしました。

「(事業者の) みなさん、いろいろ才能を持っているんですが気づいていない。みんな『こんなんで講座になるの?』と言うんですが、『いや、こういうのがいいんだよ』と言って回りました。自分たちの良さにぜひ気づいてほしかったんです」

木下さん自身は第1回八頭まちゼミからずっと参加を続けてきました。第1回目は単独での「ちょうおとなの塗り絵」講座でした。

木下工業は建築、土木が仕事です。CAD (設計・製図ソフト) を使う機会は多く、それを用いて木下さんは機関車の絵を描き、講座では受講者に「塗り絵」をしてもらいました。ただし使うのは色鉛筆1色だけです。濃淡だけで描く、まさに「大人」ならではの塗り絵講座です。

しかし、受講者は期待したほど集まらなかったそうです。

「そこで第2回目は、ジブリ系でリベンジしようと思いました。僕はもともと猫が好きで、実際に飼ってもいました。だったら『魔女の宅急便』で行こうかと (笑)」(木下さん)

第2回目の講座が、「ネコ好きなあなたに! 鉄板で手作りオブジェ」。受講者に紙を渡して、好みのネコを描いて切り抜いてもらいます。それを預かり、講座後、木下工業で鉄板で同じ形に加工して受講者に届けるという企画です。木下工業は、もとは木下さんのお父さんが、鉄工の腕を生かして立ち上げた会社です。この回は、お父さんの手を借りて、古い鉄板を再利用しました。できあがったネコのシルエットのオブジェは、門柱に立てても庭に置いてもかわいらしく、人の目をひきます。人気講座になりました。

木下さんは第3回も同じ路線で講座を企画し、「芸術家集まれ！　鉄板で手作りオブジェ」講座を開催。チラシの写真に、魔女がほうきにのって空を飛び、猫もしがみついているオブジェをあらかじめつくって載せたところ、これも大人気となりました。

しかし、このころは新型コロナの影響は深刻になり、八頭まちゼミで２０２０年秋の第2回目は14講座、２０２1年の第3回目は17講座と、講座数は伸び悩んでいました。

木下さん自身はまちゼミで十分な手応えを得ています。なんとかこの感覚をほかの事業者にも伝えたい。そこで主催者の八頭町商工会とともに、木下さんは新たに参加店を募ることにしました。八頭町商工会の職員全員で分担して、町内の商工業者に声をかけました。木下さんも知り合いの建築、土木関係の事業者に呼びかけましたが、みなあまり乗り気ではありません。そこで思いついたのがコラボ講座です。

木下さんは仕事仲間がいろいろな才能や知識を持っていることを知っていました。でも、みな自分ではそれを当たり前と思い、価値があるとは考えていません。コラボ講座でそれを発掘し、受講者の喜ぶ姿を見て、自分にも伝えられるものがあると知ってほしかったのです。

山根建築工業と行ったのが「輪ゴム鉄砲と的を作ってあそぼう！」でした。

講師を務めた山根建築工業の山根隆司さんは本職の大工さんです。木工の腕を生かして、昔懐かしいゴム鉄砲を作り、的も作っていっしょに遊ぼうという企画に、定員5名のところ、いきなり家族4名の申し込みがありました。参加したお子さんは大喜び。山根さんは「こんなことで喜んでもらえるのか」と驚いたそうです。

定員3名のところ20人の申し込みがあったのが、八頭塗装とのコラボ「手作りオブジェに塗装してみよう」講座でした。あらかじめ切り抜いておいた鉄板のオブジェに、みんなで塗装するという講座でしたが、定員オーバーで申し込みを断わると、電話口で泣き出す人もいたほどの人気でした。急遽、参加人数を増やして対応しました。

コラボ講座は八頭そのもののPRという目的もありました。木下さんが挑んだもうひとつが、道の駅八東フルーツ総合センターと行った「鉄道のダイヤを書いてみよう！」講座です。地元の第3セクター、若桜鉄道の時刻表を見ながら、鉄道員が使っている「ダイヤグラム」を作り、その見方も学ぼうという内容です。

実はこのダイヤグラム、木下さんがやはりCADを用いて描き、以前からこの道の駅に無料で置いていましたが、作るたびにすぐになくなってしまう人気アイテムでした。

若桜鉄道は、地元を走る19・2キロの小さな鉄道です。山麓を走る列車の窓からは、春の満開の桜をはじめ、年間を通して四季折々の美しい風景を存分に楽しむことができます。

八頭まちゼミ（鳥取県）の木下さんは７つのコラボ講座を実施。若鉄沿線の「写真撮影スポット教えます」講座で、鉄道ファンを魅了しました。（写真提供：木下裕史さん）

ダイヤグラムを見れば、どの列車がいつどこを走っているのかがわかります。鉄道マニアや撮り鉄の人にとって垂涎の的だったのです。

木下さんは、ほかにも道の駅と「若鉄沿線の写真撮影スポット教えます！」講座など、これでもか、というほど、若桜鉄道をしっかりPRしました。

第4回の講座数は全部で35講座、前回の2倍になりました。八頭町商工会が全職員で新規事業者を募ったこと、そして木下さんが7つのコラボに取り組んだことが大きな刺激になったのです。

「人口は減り、若者は少なくなっていく中、これから10年先、20年先のまちを、どう元気にしていくか。まちゼミを通じていろんな人が手をつないで、まちをPRしたり、まちを面白くしたり、そんなことに取り組んでいくことそのものに意義があるんじゃないかと思うんですよね」と木下さん。

八頭まちゼミで〝つながり〟をつくっていきたいといいます。

新規参加店を募るため、まち中を歩いたひとり八頭町商工会の職員の吉田杏奈さんはこう語っています。

「(第4回八頭)まちゼミ後の結果検証会では、みなさんの意欲はずっと高まっていました。受講者の方の反応を直に感じたことが大きかったのだと思います。次はこんなことをしたい、八頭町をもっと盛り上げられるんじゃないか。そんな話が飛び出し、熱気と意気込みが伝わってきました。お手伝いできて光栄だと思うのと同時に、私自身、どうしたらもっと地域を盛り上げていけるのか、考えなければと思いました」

コラボで初参加した人の中には、次は「単独で」とすでに意気込んでいる人もいるそうです。一方、木下さんは、また別の新しい参加店を探しコラボをやりたいと話しています。

PDCAを回せ！　続けるほどノウハウが蓄積する結果検証会

うれしかったことはどんどん披露

第2章では、まちゼミを進める上で、最初の講演会から始まり、参加説明会、講座検討会など、手順をしっかりと踏んでいくことが大切だというお話をしました。それにより事前の準備は万全となり、誰もが自信をもって本番に挑めるからです。

実は本番後も重要な手順があります。結果検証会です。

まちゼミを終えてから1か月ほど間をあけて、事業者全員が参加して自分の講座をはじめ、まちゼミ全体を振り返るようにします。講座の内容を磨き、受講者を増やして行くために欠かせないプロセスです。

「ウチではこんなことをやったら、受講者がものすごく喜んでくれた」一人がそのような話をすると、それに触発されたように、「自分の場合は…」という話が続いていく光景を、私はこれまで何度も目にしてきました。

うれしかったことをどんどんこの場で話して下さい。自分の成果を披露しつつ、他の事業者の話にも耳を傾ければ、熱気にあふれた気持ちが共鳴していきます。地域全体が変わっていくことを喜べる気持ちも湧いてきます。結果検証会を重ねることで、自店が地域でどのように役立てば良いのか、地域全体を見渡す視点と気持ちが生まれてくるのです。

初めのうちは成果の出ない事業所も当然あります。一人も受講者が来なかったところもあるかもしれません。受講者が喜んでくれたのか確信が持てなかったりというところもあるでしょう。ついつい、ああしておけば良かった、こうすれば良かったと考えがちですが、反省点を列挙して、後悔ばかりしていては、かえってやる気を失ってしまいかねません。

ちょっと引いた視点で、まわりを俯瞰してみることをお勧めします。

たとえば他の事業者の話を聴くことはとても参考になります。第三者の立場で冷静に見ることができ、自分ならばこうできるのではないか、ああできるのではないか。そんな発想がわいてくるからです。

岡崎の「あいち補聴器センター」の天野慎介さんは、まちゼミを2年間続けても売上げに結びつかずに苦しみました。しかし、天野さんはそれでも毎回、結果検証会には必ず参加して、じっと他店の発表をメモし続けました。その甲斐あって、3年目には補聴器の購入につながり、その後、売上げが急増していきました。

天野さんは自店ばかりでなく、商店街のほかの店も紹介するニュースレターを定期的に発行していますが、それも他店に関心を持ち続けた姿勢の表れです。

もうひとつ、まちゼミ全体の傾向やその変化を知れば、自分の講座を客観的に見直す手がかりになります。

まちゼミにやってくる受講者はそもそもどんな人なのか、自分が想定していた受講者たちと、全体の傾向は同じなのか、それともかけ離れているのか。

あるいは自分の講座はまちゼミ全体の中でどのようなポジションにあるのか。「健康・美容」に属していると思っていたけど、受講者の要望は実は別のところにあったのではないか。

まちゼミ全体の傾向を知って、改めて自分の講座を眺めてみれば、いろいろ気づくことがあると思います。全く別の角度から講座を見直せるのです。

ぜひ、ＰＤＣＡ（計画・実行・評価・改善）を回してください。

「報告書」を存分に生かしてPDCAを

まちゼミ全体の傾向を知る手がかりは「報告書」にあります。事業者が自分たちで作る場合も多いのですが、商工会議所や商工会、まちづくり会社など、支援者がまとめてくれる地域は数多くあります。「報告書」には、講座を磨くためのヒントがあふれています。

どう活用すればよいのか。「報告書」をまとめる立場の支援者から、その方法を聞いてみましょう。

東西に長く延びる島根県、その東の端、鳥取県との県境に位置するのが安来市です。全国的には、どじょうすくいの安来節の発祥の地といったほうがわかりやすいかもしれません。米田善雄さんは安来商工会議所の職員として、立ち上げ時から安来まちゼミに関わってきました。

安来の商店や事業所は、市の中心部をはじめ、市内のあちこちに点在しています。そんな状況でも可能な活性化策はないだろうか。安来市と安来商工会議所はまちゼミの導入に踏み切り、市内全域の事業所に声をかけて参加を募り安来まちゼミを立ち上げたのが２０１５年９月のことです。以後、年２回、多い時には年３回のペースで続け、２０２３年1～３月で第14回を迎えています。29店舗が36講座を開き、のべ２３９名が受講しました。

毎回、「報告書」をまとめているのが米田さんです。直近の第14回の「報告書」（正式名は「令和４年度　第14回安来まちゼミ事業報告書」）は全部で34ページ。全国の中でも最も分厚い報告書のひとつですが、内容は逆に読みやすく、実施する事業者にとって、次に何をすれば良いのか、ひと目でわかる工夫がなされています。

「読みやすいようにイラストや写真も多くして、わかりやすくしました。報告書の作成は、私がまちゼミに使う時間の中でも、最も長くなっています」と米田さんは語っています。

具体的に最新の第14回の「報告書」を見て行きましょう。

アンケートの集計により、受講者の年齢層の分布をはじめ、住んでいる地域や参加形態など、全体の傾向の分析から始まっているところは、他の多くの地域の「報告書」と同じです。

安来でもまた、受講者が最も多い層は50～60代の女性なのですが、米田さんは報告書でより若い層に着目しています。

「30～40代の若い女性は、平日は夜、18時以降、休日は午前中に行きたいという傾向が出ています」（米田さん）

安来まちゼミが、全国の平均的なまちゼミと違うところは、30～40代の女性の参加が、ひとつの傾向としてはっきり現れているところです。

米田さんはその理由を「親子参加」と説明しています。

「夏の6、7月に行う安来まちゼミは、開催時はちょうど夏休みにかかります。そこで小学生のお子さんをお持ちの母さんが、親子連れでやって来るわけです」（米田さん）

そもそも夏に安来まちゼミを開催しようと決めたのは、米田さんの調査がもとでした。

２０１５～７年９月、安来まちゼミが始まると、米田さんら安来商工会議所では、２０１６年には、２～３月、６～７月、11～12月と年３回、立て続けに安来まちゼミを行い、２０１７年も、５～６月と10～11月の２回開催しました。

第１回も含めると２年あまりのうちにまちゼミを計６回も開催したことになりますが、これは、「開催時期を少しずつズラして、どの時期が最も良いのかリサーチするため」（米田さん）でした。その結果、最も受講者の多かった６月下旬から７月、そして２月から３月半ばにかけて、まちゼミを開くことにしました。

その後も調査を続け、主要な受講者である50代以上の女性とともに、「30～40代の女性の受講」が多い傾向をつかみました。さらに調査を続けた結果、「夏休みの親子連れの参加」を突き止めたのです。米田さんの分析は続きます。

「夏に親子で訪れた方は、冬のまちゼミにひとりでやって来るようになります」（米田さん）

夏休みに子ども連れでまちゼミに参加したことで、おそらく抵抗感が薄れるのでしょう。30～40代の女性は、次の冬の安来まちゼミに、ひとりで参加する傾向もあるとわかったのです。人の〝瞬間的な傾向〟だけでなく、人がいかに行動を変えていくか、〝時間的な傾向〟も明らかにしたのです。これらの調査、分析の蓄積も含め、米田さんは、次の夏の第15回では、「新聞折込、市報同封、ＳＮＳ等と幅広い年齢層（特に30～40代→親子参加）に訴求出来るよう、広報方法にはさらなる工夫を行う必要がある」とコメントしました。

事実、現在準備が進んでいる２０２３年夏開催予定の第15回安来まちゼミでは、子どもを意識した講座が増えているそうです（２０２３年6月時点）。

これは「報告書」の成果のほんの一例にすぎません。ほかにも、まだまだできることはあると思わせてくれる分析はたくさんあります。

男性受講者への言及もそのひとつです。受講者の女性と男性の内訳を示したグラフには、「男性の参加の多かった講座一例」として、具体的な講座名が書かれています。

これを見れば、「男性受講者が好きなのは、キャンプやヘビメタ、ビリヤード、ドローンなどなど、やっぱりちょっと非日常的な趣味やイベントなのだろうか。だとするとウチの店では〇〇がやれそうだな。開催時間は平日ならば夕方以降か休日、そしてこれもSNSでPRする方法が有効だろう」と、次の講座やその告知方法がイメージできるというわけです。

具体的な講座のイメージも、安来という地域が置かれている状況も感じられるのが、米田さんが作る「報告書」です。作ることはたいへんですが、米田さんもまた楽しみながら作っているそうです。

「講座の内容をはじめ、なにかお困りのことがありましたらお気軽に商工会議所にご相談ください。お一人で悩んでいても、思うような結果が出ませんよ。せっかく実施されるのだから、一緒に成果が生まれるやり方を考えましょう」と米田さんは言っています。

〝スイッチが入った人〟を見逃さない

結果検証会は、ほかにも大きな成果をもたらしてくれます。

初めてまちゼミを開催した地域では、私は結果検証会にも参加するようにしています。そこで必ず〝スイッチの入った人〟を見つけられるからです。

初めてまちゼミを行った地域では、店主や事業者たちは、当初はそれほどまちゼミを知っているわけではなく、「忙しいけれど、、ぜひ出ろと言われたから仕方なく来た」という人もいます。その後、参加説明会やチラシ制作、事前説明会が続いていきますが、そこでもどこか「やらされ感」を引きずる人はいます。最初はしかたのないことです。

しかし、本番のまちゼミを経験すると、大きく変わる人が必ず現れます。まちゼミを通じて商売の原点に還ったような気持ちになるのでしょう。その中でも特に、まるで人が変わってしまったような人が出てきます。

結果検証会では参加事業者それぞれにその結果を報告してもらいますが、そのときも、そういう人は堰《せき》を切ったように話し始め、まちゼミでいかに大きな成果を得たのか、人に伝えたくてしょうがないという気持ちが伝わってきます。

私は、そのように〝スイッチの入った人〟を数人見つけ、次からのその地域のまちゼミの運営を一緒に担う人になってもらうように提案しています。

本来私は、ほかの地域の商店街の運営に口を挟むべきではないと考えています。しかし、このときだけははっきりと提案します。

商工会議所や商工会、支援機関などが声をかけて始めることになったまちゼミでは、初めから「□□さんにリーダーをやってもらおう」と目星をつけている場合が多いものです。

しかし、その人自身、果たしてどれほどまちゼミから手応えを得られたのか、どれほどまちゼミに力を入れて取り組む気があるかは、はっきりとはわかりません。

それよりも、結果検証会での各店の発表を見て、リーダーを選ぶ方が確実です。

「○○さんと△△さんの意見を聞きながら進めていきましょう」と私は提案します。

まちゼミの良さを心から実感している人こそ、リーダーにふさわしいと私は思います。そのような人こそ、地域性を生かしながらまちゼミを育ててくれると信じています。

支援者の役割を理解し、まちゼミを発展させる

そもそも支援者とはどのような人たちなのでしょうか。

各地のまちゼミでは、商工会や商工会議所の職員、まちづくり会社で活動する人たちがまちゼミの運営に深く関わっています。まちゼミを立ちあげた支援者も数多くいます。支援者の役割を知れば、あなたの街のまちゼミをいっそう活発にできるでしょう。

商工会あげての全面支援――酒井さん、安達さん（春日まちゼミ）

・ベッドタウンにふさわしい『経営革新』を

組織あげて、まちゼミを強力に支援しているのが福岡県の春日市商工会です。

「吉岡統三会長が副会長時代、久留米で学んで持って帰ってきたのがまちゼミでした。約2年をかけて勉強を続けながら構想を練り、2019年2月には商工会内にまちゼミ特別委員会も設けて、その年の秋、第1回の開催を実現しました」

春日まちゼミを始めた経過を説明してくれるのは、春日市商工会の酒井威事務局長です。

福岡県の西部、人口11万人が住む春日市は、すぐ北隣が福岡市であることからベッドタウンとして住宅開発が進みました。そんな事情を背景に春日市商工会が以前から力を入れてきたのが、「一般市民に訴求するための地域活性化を図る振興事業」でした。

一方で、市民祭り等の地域振興事業に傾注するあまり、一部会員事業所からは、「深刻な経営相談ができる状況にない」などの声が上がり始め、組織として本来の経営支援機関としてのあるべき姿を模索する必要性が生じました。

「組織改革をして、地域振興から経営改善普及事業へシフトチェンジをしたのが2010年代。以降、『経営革新』に力を入れて取り組み、その成果として、『21世紀商工会グランプリ』を受賞したこともあります」

こう説明してくれるのは、春日市商工会の経営指導員、安達秀顕《ひであき》課長補佐です。

個店強化とその持続的な成長を促す具体策を探すため、２０１７年、春日市商工会の商業部会が向かったのが久留米です。視察で知ったまちゼミこそ「品揃えや価格で大型店やネット販売に勝てない小規模事業者へ向けた経営支援の手法」として春日市でも取り組むべきだと、当時副会長だった吉岡統三さんが決断し、２０１９年秋の開催に向けて走り出しました。

「春日市には7つの商店会がありますが、地区はバラバラ。つながってはいません。やるからにはのぼりをはためかせて盛り上げたい。そこで市を南北に通る、なぎの木通りの事務所に集中して行うことにしました」（酒井事務局長）。

約6キロのなぎの木通りはほぼ直線で、遥か向こうまで見通すことができます。まちゼミ特別委員会のメンバーと会長、事務局よるローラー作戦を開始、通り沿いの26の事業者から賛同を得ました。通りにはまちゼミののぼりを立て、各事業所にはポスターを貼り、多くの市民に春日まちゼミを知ってもらうように心がけました。

まちゼミ開催の初日には、春日市商工展に春日まちゼミのブースを設け、まちゼミのミニ講座も実施しました。地元のケーブルテレビで2つの講座を取り上げてもらったこともPRに大いに役立ちました。この動画は春日まちゼミのホームページでいつでも観ることができます。

こうして２０１９年秋、第1回春日まちゼミでは26事業所が30講座を開き、受講者３３６人と幸先の良いスタートを切ることができたのです。

・3回目で700名を超える受講者

翌2020年は、新型コロナの感染防止のためやむなく中止し、第2回は2021年秋の開催になりました。

「第1回の成功を踏まえて、第2回は開催エリアを春日市内全域に拡大しました。その結果、40店舗が43講座を開き、受講者は469名と、いっきに前回比140パーセントと伸ばすことができました」(安達課長補佐)。

2022年10〜11月の第3回はさらに大きく飛躍します。講座数は全部で57、受講者は751名と、前回から160%も伸びたのです。安達課長補佐はその理由を、「キッズ部門を設けたことが大きかったと思います。第1回、2回の受講者さんからのコメントに『子どもが参加できるものがあったらいいよね』というものがかなりあったんです。メディアにも取り上げていただき、大きく伸ばすことができました」と語っています。

第2回では9%だった親子連れは、第3回では13%に増加しました。酒井事務局長も、「平日で時間がある方となると、どうしても(受講者は)主婦やご高齢の方になりがちです。しかし、参加店によっては、ファミリー層、つまり、小さなお子さんと親御さんに、自分を知ってほしいというニーズ」もありました。その方々を新規顧客にするビジネスを展開する足がかりができたと考えています」と春日まちゼミの成果を語っています。

たとえばPureism color®（ピュアイズムカラー）が開いたパーソナルカラーの講座はたいへんな人気で、市内からはもちろん、福岡市や近隣の他市から91名も受講者が集まりました。その後、固定客が増えただけでなく、弟子入りしたいという人まで現れました。一般市民はもちろん、眼鏡店や美容室、衣料品店、スクールソーシャルワーカーなど、まちゼミ仲間も自分の事業に役立てられると考えたのです。

まちゼミでできた〝つながり〟の生まれた意外な成果ですが、酒井事務局長は、自身が講座に同行取材した体験として次のような例もあげています。

株式会社ＪＲ西日本新幹線テクノサービステクノスさんが開いたのが『親子で学び・楽しむ新幹線教室』でした。新幹線車両基地の側にある同社に親子を招いての講座でしたが、16人の社員さんが、それこそ出迎えから、いくつも設けたブースでの説明など、つきっきりでお世話をされていました。また、社屋の屋上から新幹線の車両基地が見渡せるのですが、受講者が屋上に上がったタイミングで、ちょうど九州新幹線が走っていく姿を見ることができました。考え抜かれた演出に、子どもたちがすごく喜んでいた姿が印象的で、同行した私も感動してしまいました。同社のほうでも、『地域とのつながりを持つことができた』とおっしゃっていて、企業も自分たちが地域でどのようなことができるのか、懸命に考えていることがよくわかりました」。

株式会社JR西日本新幹線テクノス社の主要業務は新幹線のメンテナンスです。地域の消費者を相手にビジネスをしているわけではなく、まちゼミに参加しても、直接、利益になるわけではありません。

そんな企業でも、地域と関わるきっかけを探していたのです。意外な驚きでしたが、まだまだそんな企業はありそうです。住民にとっても地元の企業にとっても、春日まちゼミの存在感は着実に大きくなっています。

「支援し過ぎない支援」とPDCAの意外な関係——平井賢吾さん（野田まちゼミ）

支援者の役割は重要ですが、支援者に頼り過ぎないことも心に留めておかなければなりません。支援者に何をどう頼み、事業者は何を心がければ良いのでしょうか。

・「支援し過ぎない支援」とは?

まちゼミの支援者として全国的にも知られているのが、千葉県野田市、野田まちゼミの平井賢吾さんです。

2013年初め、当時野田商工会議所の経営指導員だった平井さんは、カナグヤ化粧品店の前田稔さんからまちゼミの話を聞きつけると、勉強会に出かけたり、視察へ出向いたり、1年をかけて準備し、2014年2月第1回野田まちゼミを開きました。

野田商工会議所の中小企業相談所相談所長となった今も、野田まちゼミを強力に支援しつつ、自らの業務と関連させながら、地域のための活動を続けています。

平井さんが自らの姿勢としてあげているのが、「支援し過ぎない支援」です。

「（事業者が）自ら動き、自ら改善してもらうことが理想。『どうすればいい？』と求められればもちろん応えますが、そうでない限りこちらから積極的には働きかけないことにしています」（平井さん）

全て支援者がやってしまえば、事業者の自立・自主性が妨げられることは言うまでもありません。しかし、平井さんが重視してきたPDCAと併せて考えれば、もうひとつ「支援し過ぎない支援」の違った側面が浮かび上がってきます。

「当時、社長塾をやっていました。月2回、専門家に講義をお願いして、事業者さんにアンケートをとって取り組んでいることをあげてもらいます。次の社長塾でそれに対してアドバイスをいただき、またアンケートをとる。それを繰り返すことで、より的確な解決策を探っていく。そんな〝流れ〟を作っていました」（平井さん）

たとえば「10人集客したい」と目標を立てれば、手段としてチラシの配布を考えます。100枚配って1人が来店するのであれば、千枚配ればよい。それを実行するのです。しかし、現実には5人しか来店しなければ、次はチラシを倍の2千枚にします。

計画を立てて実践し、その結果を見て修正する。

「ＰＤＣＡを回しながら、目標に近づいていく。その考え方がすでにその時からありました。松井さんからまちゼミの話を聞いた時、これは自分が描く〝イメージ〟そのものだと思いました。非常に相性がいいと」（平井さん）

まちゼミでも説明会、事前勉強会、本番の講座、その後の結果検証会、つまり、計画を立て、実践、結果を見て修正と、ＰＤＣＡを回していきます。改善を重ねて最適な策を見つける方法は、平井さんが以前から追究してきたこととピッタリと重なったのです。

・ＰＤＣＡはあらゆることに応用が

平井さんは、ＰＤＣＡはあらゆることに応用できると言います。

たとえば創業支援は商工会議所の重要な仕事ですが、これについて平井さんは、「創業スクールひとつとっても、一般にはいかに創業が難しいかを説いて〝諦めさせる〟ところは少なくありません（笑）。でも、ウチでは違います。カリキュラムをはじめ、講師たちと議論して、創業までの〝流れ〟を作っていきます」と、スクールの運営そのものを、ＰＤＣＡで改善していくと言っています。

〝流れ〟に、空き店舗の紹介や融資を組み合わせれば、創業支援はより実践的になり、創業は決して夢物語ではなく、ましてや諦めさせるものでなく、現実のものとなります。

平井さんは、ＰＤＣＡを回すのは本人である、とも強調しています。

「商工会議所では、こんな補助金が出るよとか、こんな支援策を受けられるとか、いろいろなメニューは用意はします。でも、それはあくまで聞かれればのお話。こちらから勧めれば『お前に言われたからやったんだ』となっちゃいます。でも、『こんなことしたいんですが、どうしたらいいんでしょう？』と聞いてくる人は本気です。絶対、自分でやろうとする。そんな人に『こんなものがありますよ』と提示するようにしています」（平井さん）

そして、「自分事」としてとらえることは、野田まちゼミでも求められることです。平井さんは、そのため、講座内容の検討のために手順があると言います。

平井さんがまず重視するのが、まちゼミに取り組む目的です。

「『ネタがない』という言葉を聞きますが、それはこの段階で目的をはっきりとしておかなかったからです」（平井さん）

目的と「誰を対象に」というペルソナを明確にしておき、新規顧客の獲得が目的ならば同じ講座を何度もやって良いし、新たな商いを考えているのならば、想定する顧客をイメージしながら内容を検討すれば良い。

行き詰まっても、本来の目的に立ち返ればやるべきことは見えてきます。目的やペルソナがあいまいなまま講座内容を検討しても、過去にやったものにとらわれ「ネタがない」「マンネりだ」「成果が出ない」と考えてしまうというのです。

平井さんが力を入れてきたまちゼミの報告書もまた、事業者が「自分事」としてとらえるために随所に工夫が施されています。

グラフでわかりやすく表すことはすでに全国で行われていることですが、平井さんが作る報告書では、受講者へのアンケートの結果ひとつとっても、ひと目でわかるよう整理されているだけでなく、過去にさかのぼった傾向を明らかにし、分析をしています。

売上につなげられた店、再来店率の高かった店は何をどうしたのか。各店ごとの講座数や受講者数、受講率、満足度を一覧にし、DMを出したのか、ポスティングを行ったのか、クーポンなどでフォローしたのかなども併せて集計、事業者によって何がどう効果を上げたのか、どこが強みで、何が弱点なのかが、見えてくるのです。

「アンケートは客観的に見ることが大事。情を入れ過ぎるとどうしても良いほうに解釈してしまいます。自分ならこう改善すれば良い、というところまで探し当てられれば、実はお店のほうも気づいていて、『数字でこう出ているのなら取り組まなきゃ』と考えてもらえます」（平井さん）。

平井さんは、これからも黒子に徹して、野田まちゼミを強力に支援し続けたいそうです。

まちゼミ物語

若い層と新規事業者に響いた「ガイドブック」

——今井治さん（八王子まちゼミ）

1年をかけて

八王子まちゼミでは、チラシを早くから冊子型に替え、若い層とファミリー層の受講者を増やしてきました。

思いきった試みはそればかりではありません。

独自のガイドブックを作成すると、若い受講者と新規事業者の関心を呼ぶことに成功し、新規事業者をまちゼミに迎え入れるための特別な仕組みも作りました。

「2020年、コロナ禍に突入するとみなさん外出を控え、行動そのものを自粛し始めました。八王子まちゼミの受講者も激減してしまったんです。いまこそ、まちゼミの楽しさを知ってもらうツールが必要。チラシ以外にもっと何か考えられないだろうか。実は以前からずっと私たちの課題だったんですが、コロナ禍になって改めてそれが浮上してきたんです」

当時の事情をこう説明してくれるのは、八王子まちゼミで実行委員長を務めている、肉の富士屋の代表取締役、今井治さんです。

コロナ禍でより切実に求められるようになった「まちゼミを知ってもらえる特別なツール」でしたが、八王子市から補助金が得られる見込みがつき、ついに踏み切ることにしました。2021年1月のことです。そして1年をかけて2022年1月に完成したのが「八王子まちゼミの楽しみ方　まちゼミガイド」です。A5版40ページの小冊子です。

すっきりしたデザインの表紙に並ぶのが、まちゼミに参加している事業者たちの姿です。ページをめくると実行委員長の今井さんとともに、八王子まちゼミの広報本部長を務める、肌着専門店『イツミヤ』社長の中野智行さんが、案内役となってまちゼミを紹介していきます。まちゼミとはそもそもどういうものか。「三方よし」の精神や八王子まちゼミの発展の経過を解説、その後に「ヒット講座&期待の講座9選」が始まります。八王子まちゼミのユニークな講座について、講師を務める店主や事業者にそのねらいや意気込み、反響などを語ってもらいます。本人や店内の写真もあり、講座の様子が想像できそうなページです。

その後は、受講者の声を紹介した「クチコミ」、八王子まちゼミの歩みを本棚に例えて一覧できるようにした「ディスコグラフィ」などが続き、「厳選まちゼミのお店」48店の紹介が始まります。

ここでも店主や事業者が登場しますが、その人柄がわかる作りになっているのは、まちゼミの考え方がそのまま表われているためでしょう。

最後の見開きには地域のマップが描かれ、裏表紙はマンガで再びまちゼミを紹介。洗練されたデザインが心地よく、どのページを開いても面白く読み始められる作りになっています。各家庭の書棚やマガジンラックに置いてもらい、いつでも手に取って読んでもらいたい、というねらいは冊子型に変えたチラシと同じです。

「原稿は8人の実行委員で分担して書きました。担当を決めて次の打ち合わせまでに書いて、あとはみんなで添削したり推敲したり……。集まったのは15回、いや20回だったかな。激論になることもあり（笑）、いやー、たいへんでしたね」と今井さん。

へとへとになりながらも作り上げた「まちゼミガイド」、これは思いもかけない効果をあげていきます。

受講者は増えなかったけれど、意外な効果が

2022年1月に3千部を作り、まちゼミに参加する各お店の店頭に置いてもらって、お客様に自由に持って帰ってもらう方法で配布しました。

きっとこれで大勢の人がまちゼミを知って来てくれるに違いない。期待は大きかったので

すが、その年の秋の第18回八王子まちゼミでは、受講者は目に見えて増えたわけではなかったといいます。まだコロナ禍の真っ最中。現実は厳しかったということでしょうか。

一瞬、気落ちしたものの、よくよく結果を見てみると、意外な効果がわかってきました。ひとつは受講者の数はともかく、年齢層に変化が見られたことです。

「いつもは50代、60代がボリュームゾーンなんですが、（ガイド）発行後はそれが40代、50代に移りました。少なくとも5～10歳、若返りが見られたんです」（今井さん）。

「まちゼミガイド」は若い人の心をつかんだようです。

さらにもうひとつ、第18回は全部で59の事業者が参加しましたが、そのうち新規参加が10事業者もあったのです。

翌2023年4月の第19回でも意外な効果が現れました。この回の参加店舗は69店、新規参加は7店舗でしたが、コロナで休んでいた既存の事業者がいっきに復帰したのです。

マスク着用が緩和されたのが3月ですが、そのころにはすでに第18回の参加事業者は出そろっていました。まだ、新型コロナの不安が残っていたころに、参加を決断したのです。早くからまちゼミへの意欲を燃やしていたことがわかります。

「まちゼミガイド」は事業者の心にも火を付けようです。

新規事業者のソフトランディングのために

話はそこで終わりではありません。

「その後も参加したいと名乗りをあげるお店が続いています。本当に喜ばしいことです。そんなお店が早く成果が得られるよう、手助けすることが私たち実行委員会の役目です」。（今井さん）。というわけで、八王子まちゼミ実行委員会は、さっそく次の手立てを考えました。まちゼミの新規参加事業者のためのプログラムを新たに作ったのです。

大きく4段階に分かれています。

まず最初に行うのが「まちゼミのまちゼミ」です。八王子まちゼミとはどういうものなのか、まちゼミを何度も経験してきたベテランの事業者が講師になり、新規参加店を受講者として迎えて行う「まちゼミ」です。すでに紹介した「仲間まちゼミ」と同じ趣旨です。

「まちゼミには興味はあるけど、どれほど大変なの？　どれほどお金がかかるの？　どんな効果が見込めるの？　そんな疑問を持っている人のための講座です。まだやるかどうか決めてない人たちが対象なので、すごいゆるい（笑）。基本線だけ説明して、あとは質問に答える時間を充分にとるようにしています」（今井さん）。

次に行うのが通常の「新規店説明会」です。参加の意思を固めた新規店舗の事業者を対象に、より詳しくより実践的にまちゼミの講座の進め方を説明していきます。

そしてその次に控えているのが「講座を作り込むワークショップ」です。既存の事業所も交えながら、わかりやすく受けたいと思える講座にするため、講座のタイトルや内容について意見交換をしていきます。チラシに載せる文面もここで推敲します。

さらに次に行うのが「プレまちゼミ」です。「開催直前の月に行う練習会です。実際に講座をやっていただき、既存の事業者が、ユーザー目線でこうしたほうが喜ばれますよとか、ああした方がいいんじゃないですかと、アドバイスします。いきなり本番を迎えるより、1度でも通しで講座をやったほうが絶対にいい。ここまでやれば、お客

八王子まちゼミ（東京都）では、まちゼミを知ってもらうツールとしてガイドブックを作成しました。写真やイラストが豊富で、どのページからでも楽しく読めます。
（写真提供：今井治さん）

様に対してやれるレベルまでいっきに高められます」（今井さん）。
そしてさらにもうひとつ、希望者には「スタート10分間のロールプレイング」も行います。「初めて講座をする時は誰でも緊張します。十分準備をしていたとしても、すっかり舞い上がってしまいしどろもどろになり、それがずっと後まで引いてしまうこともあります。そうならないよう、まちゼミとは岡崎で始まり、三方よしの事業でうんぬん、八王子まちゼミはそれから約十年後にスタートしてかんぬん、ご自分のお店のちょっとした宣伝まで、本題に入るまでの10分を徹底して訓練します」（今井さん）
ここまでやっておけば、いざ本番となっても、ちょっとやそっとではたじろぐことはありません。ベテランに勝るとも劣らない講座が開けるというわけです。
何重ものバックアップで、初めての人でも不安なく講座を始めることができます。
「魅力的な講座、喜んでもらえる講座をたくさん増やしたい。そうやって八王子まちゼミ全体をレベルアップさせたい。そんな気持ちで実行委員のメンバーは、新たに参加する事業所に親身になってサポートしますし、そこまでやってくれるのならと、新しくやってみようという人が増えています」（今井さん）
新規に参加しようという人もベテランも、まちゼミでつながり、お互いに刺激し合って地域全体を盛り上げていく。その意識で結ばれていることがよくわかる事例です。

第Ⅱ部　発展篇

～まちゼミで店と街を変えていこう！～

第4章　より深く、より強固につながっていくために

お客様とつながり、固定ファンを獲得する

三方よしの実践の結果、来店客数が増えたり、売上げが上がったり…。でも、それはまちゼミの成果の一部でしかありません。まちゼミは受講者と事業者、あるいは事業者どうしの関係をより強固にし、新商品開発や新事業を生み出しています。

本音で語り合いたいとコラボ、座談会へ（佐藤愛子さん・藤井治子さん・長岡まちゼミ）

まずは、コラボをもとに事業者どうしのつながりも、受講者と事業者とのつながりも強固にした事例です。

・呑み方でお酒の味はこんなに違うのか――コラボ講座は大好評

新潟県長岡市で2014年9月から始まったのが長岡まちゼミです。2023年1～3月の開催で第18回を迎えました。長岡まちゼミで定番となっているのが、「越後の地酒 サトウ商店」

長岡まちゼミ（新潟県）の佐藤愛子さんと藤井治子さんは、受講者の本音に迫りたいとコラボ講座を実施。写真は「日本酒入門〜秋のお酒と器の楽しみ〜」講座。立って説明しているのが佐藤さんです。（写真提供：藤井治子さん）

の佐藤愛子さんと、「器の店 ふじい」の藤井治子さんによるコラボ講座です。第18回で2人が行ったのが、『燗酒入門 酒々《ささ》鍋《なべ》と器の楽しみ方』でした。冬の厳しい寒さが続く中、お酒と具材だけで作る酒々鍋を囲み、燗酒《かんざけ》を楽しむ企画です。

「酒蔵の冬のつらい仕事の中、こうして鍋を囲んで和を尊んだという話をすると、みなさんに本当に喜んでいただけます」（佐藤さん）。

佐藤さんは、燗《かん》の温度で同じお酒でも味わいが変わり、みなで飲み比べれば、確かにその通りだと誰もが納得するそうです。

一方、藤井さんは器もまた同じだと言います。

「同じお酒でも、細長いグラスで呑めばのどごしが良く、平たい杯で呑めば、酒が舌の上にとどまるので味わい深くなります。みなさん『ほんと。器でこんなに違うんだ』とビックリします」（藤井さん）

ひとつ前の2022年秋の第17回長岡まちゼミで2人が行ったのが、「酒米別の味わいを楽しもう～素敵なうつわとともに～」講座でした。

この時期、長岡の代表的な酒蔵、朝日酒造が出す秋限定の「得月」をはじめ、季節にふさわしい長岡のお酒をいくつか用意して、その味わいの違いと器を楽しむ企画です。

冬と秋のこれら2種類の講座は、ここ4年ほどずっと続いています。お酒の味わい方が変わった、より深く楽しめるようになったと、受講者の満足度は高く、各家庭での晩酌に応用しているといいます。すっかり定番となったコラボ講座ですが、ここまで来るまでには、紆余曲折がありました。

・来店するお客様はお酒に何を求めているのか

長岡まちゼミへの参加は、「越後の地酒 サトウ商店」の佐藤さんが先です。

佐藤さんは2014年9月の第1回長岡まちゼミから参加して「愛子の『もっとお酒を愛して♥』日本酒よもやま話」講座を開きました。お酒の味わい方を知ってもらおうという酒屋として直球の講座でした。

JR長岡駅前でお土産など幅広い商品を扱っていたお店を、現在の「越後の地酒 サトウ商店」にしたのが昭和の終わりでした。佐藤さんは、地元・長岡の酒蔵を熱心に回って地酒を仕入れ、酒師《ききざけし》の資格も取りました。また、棚にはお土産で持ち帰ることができる小さめの4合瓶を並べるなど、お店の特徴を打ちだしていきました。
まちゼミの講座もこうして得た経験や知識をもとに、地酒を飲み比べながら、味わい方を伝えていく内容でしたが、集まったのはお酒好きな男性たちでした。
「お客様から『日本酒ってよくわからない』という声をよくいただいていたので、日本酒の基本的なことをと企画した講座でした。受講者は男性がほとんどで、やはり人気なのが試飲です。季節ごとに銘柄をかえるので、毎回『次はどんなお酒？』と飲むことを楽しんでいただけます。それはそれで良いのですが、初めの『日本酒の基本的なことを伝えたい』という趣旨からはちょっとズレてるなとも思い始めました」（佐藤さん）
全国的にまちゼミの受講者は中高年の女性が主流です。男性を集めたこと自体、画期的でしたが、佐藤さんには別のねらいがありました。
「お店に来店されるお客様の多くは、当然、お酒を買うことが目的ですから、それほどお話しすることなく買い物をされて帰って行きます。どんなお酒を求めているのか。金額なのか、おいしいお酒がほしいのか？……」（佐藤さん）
求めていることがわかれば、適切なお酒を勧めることができますが、店頭では難しかったのです。でも、まちゼミの講座なら受講者の本音が聞けるはずと、期待して講座を始めたのです。もっと違ったコミュニケーションができないか。佐藤さんは試行錯誤を始めます。

・「女性限定」で徐々に目的に近づいていったが

2015年2月の第2回長岡まちゼミで佐藤さんは「日本酒入門　酒々鍋と燗酒の楽しみ方」を、また、秋の第3回では「日本酒入門 中秋の名月に親しみたいお酒」を開き、冬に「酒々鍋と燗酒」、秋に「名月とお酒」のパターンができていきます。

翌2016年の第4、5回も同じように続けましたが、受講者は相変わらずお酒好きの男性がほとんど。でも、「入門」と謳ったことで夫婦連れの参加があり、ここで初めて佐藤さんは女性どうしの話ができました。お酒は夫婦のコミュニケーションに役立っているとわかり、「人はお酒に何を求めているのか？」という疑問への答えに近づいた気がしました。

そんな時に藤井さんとのコラボの話が持ち上がりました。

藤井治子さんが店長を務める「器の店　ふじい」は、有田、京都、九谷など有名な和食器を揃えつつ、洋食器や漆器、ガラス製品も豊富に取り揃えて、多様化する食卓のニーズにきめ細かな提案で応えようとする店です。

佐藤さんは、「私が作っているおつまみや料理も、ちゃんとしたお皿に入っていれば、大したものではなくとも（笑）美味しく見えます。お客様もお皿を見て『これが○○焼きか』などと言って楽しめるに違いありません。お酒好きの人だけでなく、器に興味を持つ人も増やせるはず」と、コラボ講座を思いつきました。

藤井さんも、「すでに長岡まちゼミは4回開催していましたが、私は1度も出たことはなくノウハウは全くありませんでした。コバンザメのように（笑）、ベテランの佐藤さんにくっついてやってみよう。いずれ独立してひとりでやることを考えるにしても、まずはいっしょにやらせていただくことで、まちゼミに慣れることができると思いました」と、コラボにメリットありと考え始めることにしました。

受講者にとってもコラボ講座は「一粒で2度おいしい」（佐藤さん・藤井さん）はずです。たくさんの受講者を呼べるだろうと期待し、実際にその通りになりました。器好きの人の受講者が増え、その上、女性も増えたことがふたりにはうれしいことでした。

「ご夫婦でみえられる方が増えました。でも、どうしても旦那さんに遠慮があるようです。それなら今度は女性だけにしてみよう。そこで第6回目は『女性限定』にしました。いろいろなお話ができまて、まるで女子会でしたね（笑）」（佐藤さん）

器の話ひとつとっても、女性は見た目の美しさ、面白さだけでなく、手に取った感触や口あたりの良さを話題にしました。また、佐藤さんは講座で酒々鍋や酒のつまみを作って振る舞っていましたが、それはあくまでお酒を呑むための脇役と考えていました。しかし、女性の受講者たちは、そのレシピを知りたがり、話題の中心になっていきました。

受講者に女性が加わったことで、講座の可能性が広がったのです。佐藤さんも藤井さんも、そんな女性たちとの会話を楽しみました。

その後、男性も参加したいという声があり、現在は誰でも参加できる講座を続けています。実際に器に興味を持つ男性の受講者が増え、講座は以前とは違った雰囲気になりましたが、やはりお酒好きの男性の参加も続き、自分たちのねらいにどこまでこだわるべきか。佐藤さんと藤井さんの試行錯誤は続いています。

・そして、お客様座談会へ

佐藤さんと藤井さんの活動は、講座にとどまりません。もっと受講者とコミュニケーションを取りたいと、「お客様座談会」を開くことにしたのです。

講座の最後にアンケートを取りますが、すでにそのころにはみなさんアルコールが入り、ほろ酔い気分です。それよりは日中、リラックスした雰囲気で〝本音〟を聞きたい。佐藤さんと藤井さんのコラボ講座に参加した受講生の女性3人に声をかけ、同じまちゼミ仲間のコーヒーハウスミチルに集まって、5人で座談会を開きました。2019年2〜3月の第10回長岡まちゼミが終わった後のことでした。

女性5人がテーブルを囲んで楽しく会話する光景は、それ自体がまちゼミの講座の雰囲気をよく表しています。学べて、知り合えて、語り合える、それがとても楽しそうです。

座談会に参加した受講者の女性のひとりは、「お酒のつまみも美味しかったし、いろいろ教えていただいたので、ウチに帰って早速作りました」と、コラボ講座の成果を語りつつ、他の講座にも顔を出したところ、「『(以前の講座が) 良かったので、三人連れてきました』と、友達を連れてきた人もいました」と、まちゼミで人の輪が広がっていく様子を語っています。

藤井さんは、「編集では残らなかったのですが、まちゼミ本来の趣旨に反して講座後の営業活動が頻繁にあったという話も聞けました。私たちはお礼状を出すため個人情報をいただいています。そのお店にももちろん伝えましたし、慎重にしなければと改めて思いました」と、本音が聞けたかいがあったと言っています。

座談会は動画にしてネットにアップし、誰でも観ることができるようにしました(長岡まちゼミのフェイスブックで動画を選択)。実行委員のひとり、美容室ｂｌｏｏｍの店主、嶋岡隆さんのインタビューも織り込みながら、まちゼミを知らない人にとっても、いかに楽しめてためになるか。それがよくわかる内容になっています。座談会に参加者した受講者のひとりは、「有名人になったみたい」と喜んでくれました。

動画公開のねらいを藤井さんは「ひとつは、新しくまちゼミへ参加したいと考えているお店(事業者) に見てもらうため。もうひとつは、一般の人のため。まちゼミへぜひ行ってみたいと思えるような宣伝告知のために作りました」と説明しています。

そのねらい通り、その後の第11回長岡まちゼミでは新規参加の事業者を増やすことができました。また、機会があれば2回、3回と座談会を続けたいと、佐藤さんと藤井さんは語っています。

店どうしの信頼を深めるコラボ

・コラボで限界を破る

まちゼミを何回か行った地域で、事業者のみなさんに「次にやりたいことは？」と聞くと、必ずあがるのが「コラボ」です。もっと違うことをしたい、可能性を広げたい。でも、自分の発想には限りがある。そこで他の事業者との「コラボ」でその限界を打ち破りたい。そう思う方が多いのです。「コラボ」は全国どこでも非常に関心の高いテーマです。

コラボの効用について、ここで整理してみたいと思います。コラボには次の5つのメリットがあると考えられます。

ひとつは、すでにお話ししたように、まちゼミの参加事業者を増やしたいと考えた時、「初めはコラボでやってみませんか？」と誘うことができることです。

誘われるほうは、いきなり自分ひとりで講座をするには自信が持てません。テーマは？　準備は？　進行は？　と不安なことばかりです。でも、「コラボ」なら講座の経験のある仲間からいろいろと教えてもらうことができます。

コラボを行う2つめのメリットは、何よりも自分にとって勉強になることです。

特別と思っていなかった自分の知識や経験が受けいれられ、自信を持てれば、次はもっと受講者に喜んでもらいたい、もっと勉強しよう、そんな意欲が湧いてきます。

新しい分野の勉強もしたいと思った時、別の事業者と組めば違う世界へ抵抗なく入っていけます。知りたいこと、わからないことがあれば、コラボ相手に気軽に聞くことができ、お互いに教え、教わることで新しい挑戦ができるのです。自分の世界を広げることができます。

3つ目は、講座のマンネリ化を防げることです。

講座を続けていると、このままでいいのかなと思う時があると思います。受講者の方が喜んでいる限り同じ講座を続ける意義はある。私もことあるごとに「同じ講座を何度も開いていいんです」と言っていますが、当人たちがマンネリ化を感じる気持ちはよくわかります。

そんな時、他の事業者とコラボを組めば、それまでの自分の講座の違う面が見えてきます。全く新しい講座にすることもできるでしょう。

4つめのメリットは、他の事業者との関係を深められることです。

そもそもまちゼミに参加する事業者たちは、連携したい、仲間を増やしたい、そう願っている人が大勢います。まちゼミの開催そのものが、これらをかなえるためのものですが、「コラボ」は、より深くお互いの事業や人柄を知ることができ、関係を深めるうってつけの手段です。

これら4つの理由に加え、受講者にとってのコラボのメリットとして考えられるのは、1回の講座で2つの事業者について知ることができることです。一粒で二度おいしい。受講者はそんな得をした気分になれるのです。

・尻込みしがちだけれども、「ちょっとだけ」コラボやマッチングで始めてみれば

多くの人がやってみたい「コラボ」ですが、誘ってみたいけど、断られたらどうしよう。2つの事業者でどのように進行すれば良いのだろう……。自分ひとりで決められないこともあり、ついつい及び腰になってしまう面もあるでしょう。そんな時は、次の方法を試してください。

たとえばすでにあなたが講座を立ち上げているならば、その講座に加わってほしいと思う事業者に「ちょっとだけ」と声をかけるのです。

「5分だけ話してください」「10分だけ」とお願いすれば、負担はぐっと小さくなり、それならばやってみようという気になってくれるでしょう。講座のテーマはあなたがやり慣れたものですが、「ちょっとだけ」他の事業者の視点が加われば、違う魅力が出てくるに違いありません。

この方法で何度か試してお互いに慣れた後、時間配分や講座内容について見直します。この段階になればいろいろアイディアは出てくるでしょう。受講者に喜んでもらえるものになっているのか。それを忘れずに2人で検討すれば、きっといいものができるはずです。

もうひとつ、コラボをスムーズに立ち上げる方法として、まちゼミの支援者の方に、ぜひ、マッチングをお願いしたいと思います。支援者のところへは、全国のまちゼミの情報が集まっ

ています。その情報と地元の事業者の顔ぶれを見比べて、あの店とこの店ならばきっと「コラボ」ができる、そんな組み合わせをぜひ見つけてください。そしてぜひ勧めてください。

コラボは相手がいて初めて成り立ちます。配慮するあまり一歩を踏み出せない事業者は意外に多いと思います。そっと背中を押す、おせっかいを焼く。支援者の方々には、そんな役割をぜひ引き受けてほしいと思います。

大胆な試みでまちゼミを活性化

スマホ、SNS、YouTubeの利用で、お客様との〝つながり〟を強固に
・異例のLINE講座が大好評――伊波重徳さん（浦添まちゼミ）

沖縄本島の南、浦添市で行われているのが浦添まちゼミです。その立ちあげに尽力し、実行委員長を務めている、いは薬局の伊波重徳《しげのり》さんは、LINEを活用することでお客様との関係をより強固にしてきました。

毎日、多くの顧客で混み合ういは薬局ですが、これは、ひとつは調剤に対応するため、もうひとつは、同薬局の「健康相談窓口」を目指して来店する人が数多くいるからです。

2017年秋、第1回浦添まちゼミで伊波さんは2つの講座を開き、人気を呼びました。ひとつが「部活動で疲れている体の癒やし方」。お子さんが緊張する場面でも力が発揮できるよう、親御さんが身体・精神の両面からいかにケアするかを伝える講座です。

そしてもうひとつが「『チョー初心者向け！ライン講座』。薬局らしからぬ内容でしたが大きな反響がありました。

「当時はLINEが普及し始めたばかりで、特にご年配の方からは、使いたいけど使えないという声を数多くいただいていました」(伊波さん)。

受講者に自分のスマホを持参してもらい、LINEをインストールするところから、友だち追加や、スタンプの取り方、写真や動画の送り方、グループラインの作り方まで、その場でやってメッセージのやりとりができるところまで伝える内容です。とても使いこなせないと思っていた人ほど便利さに驚き、家族や友だちとすぐにやりとりしたいと意欲を見せ始めたのです。

この講座は、いは薬局にとっても大きな意味を持つことになりました。以後、LINEでの健康相談が増えたのです。

「講座にいらっしゃった方はのべ30名弱でしたが、そのうち10名前後の方がLINEで相談を寄せてくださるようになりました。いは薬局からも週に1～2度、健康情報をお届けしています」(伊波さん)

相談内容は、お子さんのアトピー・アレルギー、長期のケアや試験前の精神的ケア、薬の飲み合わせや、病気との付き合い方など多岐にわたります。いは薬局からも、感染症やインフルエンザ対策、薬局でのイベント、その後、新型コロナの問題が深刻になってからは、感染防止の対策をLINEでお知らせしました。

2018年秋の第2回浦添まちゼミで、伊波さんは、「身長を伸ばしたい方へ！ 小学校から始める成長期対策」講座を行いましたが、これもチラシのほか、特にお子さんの成長に関心の強い人にLINEで知らせると、「子どものため」「孫のために」と申し込みが続きました。計4回の講座に集まった受講者はのべ30人にのぼり、そのうち9割の方が固定客となりました。いまもLINEでの相談は続いています。

処方箋の受付もLINEで行うことにしました。

「病院で受け取った処方箋を、その場で写真に撮って送っていただきます。当店へ向かっている間に準備ができますから、立ち寄ればすぐに薬をお渡しできます」(伊波さん)

LINEでつながる人は増え続け、現在、登録しているお客様は400名にのぼっています。

コロナ禍により、いは薬局へ来店するお客様は減りました。しかし、売上げをそれほど落とすことがなかったのは、LINEの「健康相談」や処方箋対応など、地域の人たちとつながり健康を守っていこうという同薬局の姿勢が高く評価されたためでしょう。

現在は、簡単な相談はＬＩＮＥで、時間のかかる相談は薬局でと、利用する人も使い分けているそうです。

・ＹｏｕＴｕｂｅは4～5分が最適 ―― 仁岸稔さん（まちゼミｉｎ新ひだか）

北海道の南、日高山脈の西から太平洋沿岸までのびる人口約2万人のまちが新ひだか町です。まちゼミｉｎ新ひだかが始まったのが２０１9年の秋、年1回続けられ、２０２２年秋には第4回を迎えています。

立ちあげから関わり、現在、実行委員長としてまちゼミｉｎ新ひだかの浸透に力を入れているのが仁岸稔さんです。理容店のヘアーサロンニギシの店主で、自身、仕事に関連する「シャンプー講座」から「マナー講座」まで幅広く取り組んできました。

仁岸さんが実行委員長として力を入れてきたのが情報発信です。まず地元の北海道新聞や日高報知新聞への情報提供に力を入れました。

「第1回目は、北海道新聞の当時の支局長さんに全道版で大々的に取り上げていただきました。以後、まちゼミに非常に興味を持っていただき、その後も支局長さんが代わられましたが、ちゃんと引き継いで報道してくれています」（仁岸さん）

事前説明会や勉強会でまちゼミの趣旨を報道してくれたり、お店や事業所にインタビューしたり、私（松井）も地元の新聞社から何度か取材を受け、ほぼ一面を使って顔写真入りで報道してもらったことがあります。仁岸さんがマスコミと良好な関係を作ってきた成果でしょう。数ある報道の中には、まちゼミｉｎ新ひだかをきっかけに、事業者が協力し合って生み出した新商品の記事もあります。

参加事業者のCrepe & Gelato Peekaboo(以下ピカブー)は、クレープやジェラート、ケーキ、焼き菓子などを自店で作り、販売しているお店です。「生乳の極み　みるくジェラート」など、地元の食材を用いた製品づくりが特徴で、品質も、２０２３年度の「北のハイグレード食品」(食分野で活躍する北海道「食サポーター」が選出)に選ばれるほど定評があります。

２０１９年秋、当時19歳だったピカブーの飯田桃さんは、最年少講師としてまちゼミｉｎ新ひだかに参加して、「三笠高校直伝・親子で作るアイシングクッキー」講座が人気を呼びました。まちゼミ仲間の太田養蜂場との交流も始まり、商品開発に乗り出しました。

半年の試行錯誤を経て開発したのが「ハニーみるくジェラート」です。地元の生乳を使った濃厚なミルクに、太田養蜂場の「百花蜜」(複数の花の蜜のブレンド)を混ぜ込んだ製品です。初めにミルク味が、次に蜜の甘みと香りが漂う独特のおいしさが人気を呼びました。地元の新聞社やＮＨＫで取り上げられ、話題を呼びました。飯田さんは妹のひまわりさんとともに、その後もまちゼミでクレープづくりやアイシングクッキーづくりの体験講座を続け、いずれも人気ナンバー１です。

さて、仁岸さんは、このほかにも自らSNSやYouTubeに取り組み、まちゼミin新ひだかを広く伝えてきました。

Facebookでの情報発信はすでに全国各地で行われていますが、まちゼミin新ひだかの情報量の多さには驚かされます。仁岸さんはYouTubeにも力を入れ、自ら各講座を取材して編集、アップした動画は130以上（2023年夏現在）にのぼっています。

「初めはできるだけ短いほうがいいのかなと思い、2分弱にしていましたが、それではなかなか講座の内容や雰囲気は伝えられませんし、視聴回数も増えません。徐々に時間を伸ばして、4分から5分弱なら雰囲気を伝えられ、最後まで視聴されるようです」（仁岸さん）

60分から90分の講座を数分に縮めて伝えるのですから、それだけでもたいへんな作業です。その上、視聴回数も意識して作っているというのです。

「北海道は地理的な条件もあって、松井さんに講演に来てもらうことひとつとってもたいへんです。それでも何とか全国のまちゼミの人たちと、情報を発信したり、もらったりしながら、つながっていきたいと思っています」と仁岸さんは語っています。

・「まち歩き」をオンライン講座で実況中継——松永優子さん（うおゼミ）

福岡県の北、北九州市。その中心地が小倉駅の南側の魚町です。魚町銀天街をはじめ多数の商店や事業者が集積しています。ここでうおゼミが始まったのが2013年11月、以来、年2

回の開催を続け、２０２３年春で第20回を迎えています。

うおゼミで２０２０年夏から始まったのがオンライン講座です。

「魚町銀天街はＳＤＧｓ商店街として名乗りをあげましたが、２０１８年にそのための動画を作ったことがありました。その後コロナになってまちゼミが続けられなくなったのですが、そこで動画を利用しようということになりました」

魚町商店街振興組合の松永優子さんです。自身は魚町銀天街で不動産業を営んでいます。

ＹｏｕＴｕｂｅの魚町商店街振興組合チャンネル（https://www.YouTube.com/@user-xx6fm6zj6u）には約40の動画が並んでいます。その中でまちゼミのロゴ付きの動画を見つけることができます。

「関門海峡たこを美味しくいただきます！」は、「お好み焼きいしん」の向井博幸さんが、地場産のたこを塩やお酢でおいしく食べるためのノウハウ動画です。料理の様子が映し出され、家庭でもすぐに実践できそうです。「スマホでもっと綺麗に写真撮影テクニック」はフォトグラファーの国松あずささんによる、露出を調整したり、レフ板で影を和らげたり、スマホでもプロに勝るとも劣らない撮影ができる講座です。２万７千回も視聴されたのが、若松秋桜会の久永久美子さんによる「ペットボトルでリユース風車」。ペットボトルで羽を、ワイヤーハンガーで軸を作り、風車を作る動画です。

そしてシリーズとして目を引くのが「まちあるき」です。松永さん自らが魚町銀天街のお店や周辺の史跡を歩いて回る企画です。

「コロナで海外に行けなくとも楽しめるようにとオンラインツアーが流行りましたが、同じことができないかと試してみました。『それなんですか？　もうちょっと近寄ってみてください』とか言われながら（笑）、私がいろいろと動き回る。そんな風にしたかったんです」（松永さん）

受講者はZoomで参加して、街を歩く松永さんに話しかけたり、要望を出したりするという企画でした。魚町銀天街理事長の梯輝元さんの解説もつき、地元の見所がわかる貴重な動画になっています。

小倉魚町銀天街チャンネルには、ほかにも「はじめてのおつかい」や商店街のSDGsの取り組みなど、街の雰囲気や人々の暮らしがわかるような多数の動画がアップされています。実際に魚町を訪れたような気分にさせてくれます。

YouTube作りに取り組んでいる地域は、ほかにも大東まちゼミ（大阪府大東市）や稲沢まちゼミ（愛知県稲沢市）など、今も増え続けています。ノウハウを持ち寄って情報交換すれば、大きな成果が期待できそうです。

異例の3カ月開催、受講者もお店もゆったり楽しく！（公文一雄さん・さのまちゼミ）

・申し込みの電話が鳴らない？

受講者との〝つながり〟を強めるため、大胆な挑戦をしているのが、大阪府の南、泉佐野市で行われている、さのまちゼミです。さのまちゼミでは2023年春の第6回を、なんと3カ月の開催期間にしました。

「毎回、結果検証会で参加事業者から出ていたのが『期間が短すぎる』という声でした。また、受講者からも『まちゼミのチラシを見て電話を入れた時には、もうその講座は終わってた』という感想も出されていました」

実行委員長の公文一雄さんは、洋菓子・ケーキのお店、パティスリー・アン・スリールのオーナーシェフです。実は同じような声は受講者から直に聞いていました。他店の講座も受講したかったが、定員いっぱいで断られてしまったというのです。

「だからいっそのこと『1年中、まちゼミをやったらええやん』と提案したんですが、さすがにそれは長いと反論されまして（笑）。半年でも長い。だったら……ということで3カ月にしました」（公文さん）

果たして受講者の反応は？　お店や事業者の負担は？　不安や疑問が渦巻く中、2023年初めに受付が始まると意外なことが起こりました。

「電話が鳴らないんです。通常はどの店も初日に申し込みが殺到します。『じゃんじゃん鳴りますから、みなさんそのつもりで』と、僕も注意していたんですが、いっこうに鳴らない。『えっ？ホンマ？　大丈夫？』僕自身、そう思ったほどです」（公文さん）

心細いスタートになってしまいましたが、しばらくすると申し込みが入り始め、ほっと胸をなで下ろしました。しかし、講座が始まると、またまた意外な展開を見せ始めます。

「『良かったわー、じゃ、次、友だち連れてくるわ』と、講座に満足された受講者が、〝次〟に別の人を連れてきてくれるようになったんです。いつもでしたら〝次〟と言えば、まちゼミの次の開催を指しますが、3カ月もやっているので、その間に各店では〝次〟の講座も予定しています。こうして〝次〟に来ていただいた方が、またその〝次〟に、そしてその方がまたその〝次〟にと友人を連れてきてくださり、連鎖反応のようにリピーターが増えていったんです」（公文さん）

開催期間が増えれば、講座数も増え、事業者の負担も増えます。しかし、同じ講座を集中的に行えば講師の腕はめきめきと上がり、ストレスはかえって小さくなっていったそうです。受講者と打ち解けて楽しい時間を過ごせるようになりました。そしてその後に客数や売上げを伸ばした店も数多く現れました。

・コロナだからこそ頑張らねばと「月1ミーティング」を開始

それにしてもなぜこのような大胆なことができたのでしょうか？

公文さんは、初めは泉佐野商工会議所から誘われる形で第1回さのまちゼミに参加して、「おいしいケーキの作り方」と「自分で作るデコレーションケーキ」の2つの講座を行いました。しかし、「講師を務める以上、しっかり教えなければとそれはもう必死。一生懸命教えて、（受講者も）一生懸命聞く。お互いにとても疲れたんです（笑）」（公文さん）

順調なスタートとは言えませんでしたが、まちゼミには非常に共感し、ここで諦めなかったのが公文さんです。（松井）の講演を聴いて、「PDCAを回してみよう」としたそうです。

「自分が楽しくなければ、教わるほうだって絶対に楽しくなんかない。じゃあ次は僕も楽しめて、受講者さんも楽しめるものを」と、2018年秋の第2回では、「自分で作るロールケーキ」と「おいしいお菓子の科学」の2つの

さのまちゼミ（大阪府）では3カ月の長期開催で受講者を〝連鎖反応〟的に増やすことに成功しました。公文一雄さんは中央の帽子の男性。（写真提供：公文一雄さん）

講座を開きました。前回に比べ内容はぐっと簡単に、手間もかかりません。時間にも気持ちにも余裕を持てて楽しく進めることができ、何より受講者から「楽しかった」「ありがとう」と言われたことが収穫でした。

家族の誕生日の時だけ来店していたお客様が、まちゼミ後は数ヶ月に一度、顔を見せ始め、やがて毎月来店してくれるようになったり、お子さんにせがまれたからと頻繁に顔を見せるお客様がいたり、お店にも好影響が出てきます。

公文さんは、「お客様とのつながりこそ商売の醍醐味」と改めて気づき、さのまちゼミへの新規参加事業者を増やす活動に力を入れていきますが、新型コロナが広がり始めた2020年秋の第4回目は中止を余儀なくされました。

「こんな時だからこそ、人とのつながりを切ったらあかん」（公文さん）と、2021年秋の第5回は開催し、まちゼミの運営体制も見直しました。

「コロナになってすぐに始めたのが『まちゼミ月1ミーティング』です。月に一度は必ず集まって話し合います。各人、事情があって、全員の都合が合うことはありませんが、毎月第3木曜日の○時と決めておけば、なんだかんだと都合をつけてくれるんです（笑）」（公文さん）

参加は自由です。さのまちゼミの実行委員はもちろん、一般の参加事業者も、また、まちゼミに興味があって参加したいと考えている事業者も、誰でも参加できます。。参加を義務づけるようなこともしませんでしたが、たいていのミーティングに人は集まり、そこからユニークな企画が生まれていきました。

そのひとつが「TAKE OUT〜いずみさの〜」でした。

コロナ禍で休業を強いられ、特に打撃が大きかったのが飲食店です。テイクアウトや宅配で活路を見つけていきますが、それを知らせる手立てがありません。そこでどんな店でどんな注文ができるのか、泉佐野市内でテイクアウトできるお店を探せるサイトを作りました。

そしてもうひとつ、月1ミーティングで出たのが、2023年はまちゼミは春に開催して（それまでは年に1度、秋開催）、期間を3カ月にするという全国的にも全く新しい試みでした。

「地域の人にとって日常に溶け込むような楽しみとすることができました。講師店も受講者も、ゆっくりとまちゼミを楽しめたところが何より大きいと思います」と、公文さんは手応えを語っています。

また、「楽しめたことで、再び出来る」（公文さん）と、2023年は秋も開催することにしました。年2回目の開催に踏み切ったのです。秋はさすがに3カ月ではなく2カ月間の予定ですが、事業者のやる気にがぜん火が付いたことは間違いありません。

「まちゼミの一番の醍醐味は、商売人が一番忘れたらあかん『人との関わり』を思い出させてくれることです。個性的なメンバーが増え、第5回からは自主運営にもなってワクワクがとりません」と公文さん。
今は、事業者と事業者とのつながりをいっそう強くする方法を考えているそうです。

新商品、新サービス、新規事業への展開

まちゼミをきっかけに生まれた商品がたくさんあります。

ヘヴィメタル好きが高じて「メタル醤油」開発——矢田大典さん・敦子さん（安来まちゼミ・醤油店になぜこんな商品が!?

島根県の安来まちゼミについては、第3章「ＰＤＣＡを回せ！　続けるほどノウハウが蓄積する結果検証会」で、支援者の安来商工会議所、米田善雄さんに登場していただきました。

この安来まちゼミに事業者として参加しているのが矢田醤油店です。畑に囲まれた土地の中で、木造の独特の雰囲気を醸し出しているお店です。敷地の奥には醸造のためのタンクがズラリと並んでいます。

創業は大正９（１９２０）年で、現在の店主は2代目の矢田潤一郎さんですが、今回のお話

の主役は、その娘の矢田敦子《あつこ》さんと、ご主人の矢田大典《だいすけ》さんです。

矢田醤油店に並ぶのが、ここで醸造されたたしょうゆや味噌製品の数々です。さっぱりとした味わいが人気なのが濃口しょうゆの「椿印」、なすやにんじん、きゅうりなどの野菜が入った「金山寺みそ」は全国から引き合いがあります。

創業100年の伝統を感じさせる品揃えですが、よくよく目を凝らせば、異質なものがあることに気がつきます。

ドクロのイラストをあしらったCD類、3体の骸骨が樽を囲むイラストのTシャツやバッグも置かれ、そこにはおどろおどろしい書体の「YADA SOYSAUCE BREWERY」(矢田醤油醸造所)の文字が見えます。

そう、この店は「ヘヴィメタル醤油屋」として知られる店なのです。

「夫は東京から来て、安来には知り合いはいませんでした。だから何か趣味で友だち作りでもしてみたらと勧めたんです。松井先生も『趣味の分野でまちゼミができるよ』とおっしゃっていましたから(笑)。」こう振り返るのが矢田敦子さんです。

始まりはまだ二人が結婚する前、2016年のことです。

この年、まだ独身だった敦子さんとお父さんの潤一郎さんは初めて安来まちゼミに参加して「醤油・味噌を知って、発酵食品を楽しもう!」講座を開きました。味噌、しょうゆの発酵の仕組みや料理のコツなど、醸造に携わるからこその講座は女性たちに人気を呼び、以後、定番となっていきます。しかし、敦子さんと大典さんの二人が結婚したことで別のテーマが浮上していきます。

ふたりは、敦子さんが東京の大学に在学中に知り合いました。敦子さんは当時から矢田醤油店を継ぐつもりで卒業後に帰郷し、一方、東京出身の大典さんは関東で就職しました。しかし、大典さんは2017年、会社を辞めて島根へ移住。敦子さんと入籍して、ふたりで安来の矢田醤油店で働くことにしたのです。

大典さんは未知の世界にやる気満々で飛び込みましたが、なにせ安来は馴染みのない土地です。そこで敦子さんは、大典さんの好きな「ヘヴィメタル」で知り合いを作ってはどうか、「安来まちゼミ」で講座を開いてはと提案したのです。

こうして2016年秋の第4回安来まちゼミで「ヘヴィメタルとみそ汁を楽しもう！」を開いたのですが、敦子さんは「ほんの冗談のつもり」、大典さんも「(受講者なんて) 来るわけないでしょ」と全く期待していませんでした。定員は3名にし、知り合いに頼んで必ず一人は確保して講座を成り立たせようと考えていたほどです。

しかし、実際には夫婦連れの申し込みがあり、期待以上のものになっていきます。

講座といっても、店内でヘヴィメタルの曲をガンガンかけながら、矢田醤油店の味噌で作った味噌汁を味わうという極めてシンプルな内容です。

「一応、出汁の違う味噌汁を3種類用意して、『出汁によってこんなに味が違う』と伝える内容でした。でも、説明は冒頭3分で終わり、あとはそれぞれの好みのヘヴィメタルの話で大いに盛り上がったんです（笑）」（大典さん）

安来でこれほどヘヴィメタルの話ができるなんて……。大典さんは驚き、感動し、やってよかったと心から思いましたが、それでも「（ヘヴィメタルの）需要はけっこうあるのかな」（大典さん）と考えた程度で、それ以上、深く追求するつもりはありませんでした。

・やってみると意外に好評、トントン拍子に商品開発も

しかし、少し間を置き、2019年春開催の第8回安来まちゼミで再び「ヘヴィメタルとみそ汁を楽しもう！」講座を開くと、今度は大いに「化けた」（大典さん）のです。敦子さんは次のように説明します。

「『ちょっと前に見たんだけど、今回どうかなと思って参加してみました』。そんな方がけっこういらっしゃいました。1回目に開催した講座が気になっていたんですね」

この時、集まったのは全部で5人。全員、ヘヴィメタルのコアなファンで、受講者は安来ばかりでなく、市外からも、さらに東京からも、ヘヴィメタル好きのフリーライターが受講したのです。前回以上の盛り上がりを見せ、後日、そのライターが書いた記事がツイッターで広まり、ヘヴィメタルを楽しめる醤油店の存在が話題を呼んでいきます。

「ヘヴィメタル講座」が人気を呼んだのが、安来まちゼミ（島根県）の矢田醤油店。独自開発した「YADA SOYSAUCE BREWERY（矢田醤油醸造所）」のロゴ入りＴシャツの販売でさらに注目を浴びることに。（写真提供：矢田大典さん）

気を良くした大典さん、敦子さんのふたりは、以後も何かにつけてヘヴィメタルを話題にし、「醤油店にヘヴィメタル風のロゴがあったらカッコ良いんじゃない？」と話し始めました。これも冗談で終わるところでしたが、敦子さんが行動を起こすことで事態は発展していきます。

敦子さんはこっそりクリエイターに依頼して、大典さんの誕生日に、デスメタル調のおどろおどろしい「YADA SOYSAUCE BREWERY」（矢田醤油醸造所）のロゴをプレゼントしたのです。

大典さんは大喜びしましたが、ロゴができたのなら、それでＴシャツを作ろうと考えました。矢田醤油店のユニフォームにすれば良いと。

「それでツイッターに『醤油店のロゴを作りました。Ｔシャツも作っちゃいました』と投稿したんです。そうしたら『カッコいい！』『俺も欲しい』という声が上がり始めたんですよ。自分たちが着る分だけあればいいと手刷りで作るつもりだったんですが、それなら商品化してしまおうということになりました（笑）」（大典さん）

同じクリエイターに依頼して、骸骨3体が樽を囲んで醤油を作っているイラストも作ってもらい、ロゴとともにTシャツに印刷しました。冒頭で紹介した店頭のTシャツです。そしてそれをやはりツイッターで知らせると、買い求める人が続々と現れたのです。

大典さんの投稿は、東京でデスメタル専門に活動している、はるまげ堂の興味も引くことになりました。はるまげ堂は、海外からデスメタルのバンドを招いてライブを開催したり、CDはじめ関連商品の販売をしたり、デスメタル専門に幅広い活動をしています。そこから「ぜひ、メタル醤油を作ってほしい」という依頼が入ったのです。はるまげ堂はデスメタルの全国のライブツアーを企画しており、そこに関連商品として販売したいとのことでした。

「さすがに新商品を作ることは急過ぎたので、ウチの看板商品の『甘露』を小ボトルに入れ、はるまげ堂がデザインしたラベルを貼って販売することにしました」（大典さん）

これが「暗黒ノ醤油」です。

真っ黒な背景に、白く浮かび上がるドクロとも魔物とも見える不気味なイラスト。そしてその上に「暗黒ノ醤油」の文字が浮かび上がっています。独特の雰囲気を醸し出しています。

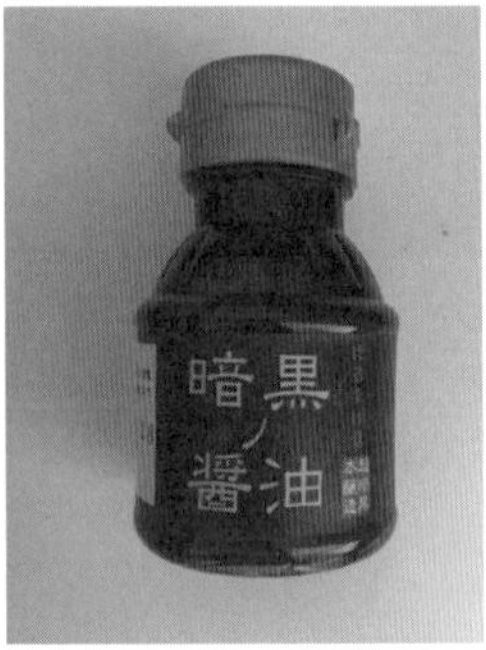

こちらはデスメタル専門はるまげ堂（東京）の依頼で作った「暗黒ノ醤油」。全国のヘヴィメタルライブツアーで販売されました。（写真提供：矢田大典さん）

はるまげ堂の依頼で、矢田醤油店でＣＤの即売会も行いました。味噌、醤油とともに店内にデスメタルのＣＤが並ぶことになり、以後、矢田醤油店では、はるまげ堂から仕入れてデスメタル関係のＣＤを販売するようになりました。

これらの出来事を逐一ツイッターで発信したこともあって、矢田醤油店は「ヘヴィメタル好きなお醤油屋さん」として知られるようになっていきます。取材を受けることも多くなり、店にヘヴィメタル関連商品を買いに来る人も増えました。「いっしょに醤油や味噌もちゃんと売れていいます」と大典さんは笑っています。

大典さんは、その後も「安来まちゼミ」では、ある時はヘヴィメタルの曲をガンガンかけながら素麺を味わい、ある時は餅つきを楽しみ、はたまた煎餅を食べる講座をこなしました。

講座では名札を用意して、参加者には名前とともに好きなバンド名を書いてもらいます。それをお互いに見ながら、新曲やライブの話題で場は一気に盛り上がります。みなすっかり意気投合し、最後はお互いに連絡先を交換し合って矢田醤油店を後にするそうです。

２０１６年に始めた「ヘヴィメタル」講座は、２０２３年現在、７年目を迎えました。まちゼミの講座に来る受講者の顔ぶれも徐々に変わってきたそうです。

「メタルってわからないんだけれども、参加していいですか？』そんな受講者の方も増えましたね。お子様連れの方もいます。僕にもうわけがわからないです（笑）。」大典さんが首を傾げるぐらいですが、醤油店とヘヴィメタルという意外すぎる組み合わせにより、多くの人に恐ろしくも感じられるヘヴィメタルが、ずいぶん近しいものになったことは間違いありません。

・「地域を元気に」と「恐竜」講座も開始

矢田醤油店が感心なのは、こうして大典さんの「ヘヴィメタル講座」を続けながら、従来の味噌や醤油、米糀など発酵食品をテーマにしたまちゼミ講座もちゃんと続けてきたことです。敦子さんとお父さんの潤一郎さんは、従来の講座に加え、一歩踏み込んで「学んでみよう！金山寺みそづくり♪」「学んでみよう！甘酒づくり♪」などの体験講座も始めました。

敦子さんは、「味噌や醤油の作り方講座は、醤油店のウチにとって『王道講座』ですが、そこに参加される方も、メタル講座のことを聞きつけ、『何かよくわからないけれども、面白いことやってるわよね』とか、『頑張っているわよね』とよくお褒めの言葉をいただきます。SNSに投稿した写真もご覧になるようで、『若い人が映っていて楽しそうね』とも声をかけてくださいます」と、発酵食品の「王道講座」と「ヘヴィメタル講座」の相乗効果を語っています。

全く相容れないと思われる2分野の講座ですが、続けていれば、地域を盛り上げ、みんなを楽しませたいという、矢田醤油店の志が、着実に地元の人たちに伝わっているのです。

敦子さんは最近、また面白い講座を始めました。2022年夏開催の第13回安来まちゼミで開いたのが、「恐竜になって皆で楽しく走ろう！」でした。

「王道枠とヘヴィメタル枠、もう一つ何か新しい枠の3パターンで行きたい。それで取り組んだのがこの『恐竜』でした」と敦子さん。

ティラノサウルスレースをご存じでしょうか。ティラノサウルスの着ぐるみでかけっこをする競技です。ティラノサウルスが何十匹、百匹を超えるほど集まり、そろってラジオ体操をしたり、懸命に走ったり、その姿がおかしく、今では全国各地で開催されるようになりました。

敦子さんはそんな情報をキャッチして、まちゼミに採り入れることにしたのです。

「ティラノサウルスレースが全国で初めて開かれたのが鳥取県です。着ぐるみでヨーイドンで走るという単純なイベントでしたが、私はたまたまティラノサウルスの着ぐるみを持っていたので、応募して出てみました。よくわからないのですが、とにかく楽しい。出場しても面白いし、はたから見ても、恐竜が一生懸命走ってる姿がものすごくかわいい。これを着て何かをすれば、とにかく面白くて楽しめる企画ができると思いました」（敦子さん）

鳥取県のレースに出た人は、ここ安来周辺でもきっといるはず。地元でティラノサウルスの着ぐるみを持っている人が確実にいるはず、という確信で企画すると、思惑通り人気講座になりました。みんなでティラノサウルスの着ぐるみを着て、安来市内の月山富田城跡《がっさんとだじょうあと》の城跡をひたすら登ります。

「難攻不落で攻めてもなかなか落とせなかった城なんですよと、一応私が知っている範囲で歴史的なお話もしましたが（笑）、あとは着ぐるみでみんなでハイキングを楽しみました。帰る時には『暗黒ノ醤油』もプレゼントしました」（敦子さん）。

敦子さんは、地元を盛り上げるため、次の企画も構想中とのことです。

「まちゼミがなかったら、こんなに仲良くなっていなかったよね。そう事業者同士よく話をします。また何回もまちゼミを受講されるお客様に話を聞けば、行ったことのなかった店に行けた、地元にこんなにいろんな店があるなんて知らんかったという声をすごく聞きます。まちゼミってすごく強い。これからも続けていきたいし、新しい人にもぜひこの輪の中に入ってもらいたいです」（敦子さん）

一方、大典さんは、「ずっとウチでヘヴィメタルの講座を続けてきて、怖い、騒がしいというヘヴィメタルの〝負のイメージ〟が少しでも無くなってきたかな」と、現実の効果を指摘しつつ、まちゼミは街全体を変えていくとその可能性に期待しています。

「まちゼミで、ふだん仕事しているだけでは出会えない人と出会うことができました。もちろん、お客さんともより密接に関係を築くこともできるようになります。これからは自分の子どもたちがこの街で育っていきます。この子たちが大きくなった時、安来で生まれ育って本当によかった。そう思えるような街にしていければ」と大典さん。

大典さんの夢は、安来でヘヴィメタルの音楽フェスティバルを開くことです。かつては〝夢〟に過ぎませんでしたが、今は実現可能と考えています。案外、近く実現するのかもしれません。

既存の発想にとらわれず、意外で柔軟、自由、それでいて王道を外さない矢田醤油店の講座は、どこまで発展するのでしょうか。

ビジネスを始めたい人のためのBOX SHOP（松井洋一郎・岡崎まちゼミ）

・ゼロからビジネスを始める人のために

まちゼミをきっかけに新規事業も生まれています。次は私（松井）自身の話をさせてください。

私がまちゼミを広めるため、全国を回り始めたのが20年前のことですが、同時に、地元の愛知県岡崎市でも、個店や中心市街地をはじめ、地域の活性化を意識するようになりました。まちゼミに関わったことで、私自身の視点が、地域全体へ向けられるようになったのです。実際、地域をどう立て直していけばよいのか、相談を受けることが増えました。

岡崎をなんとかしなければ。そんな思いで、まちゼミでつながった地元の仲間とともに2013年3月に立ち上げたのが、株式会社まちづくり岡崎です。

空き店舗や空き地の解決、タウン誌の創設、個人の事業所のための情報発信事業の実施など、街を元気にするためにあらゆることに取り組んできました。

もちろんそれは、店やスタッフ、自治体、まちづくりを仕事にする人々、そして住民のみなさん、地域を思うすべての人の力によるものです。多くの人々の力が重なり合い、あれほど閑散としていた街なかに再び人が訪れるようになったのです。

ひとつふたつと新店が開店し、空き店舗は埋まっていきました。街は再び賑やかになっていきました。私たちは涙を流して喜びました。

しかし、私たちの仕事はそこで終わりではありませんでした。まだまだやらなければならないことがあることがわかってきたのです。

そのひとつが、ここ岡崎で新しく何かやってみたいと思っている人の声に応えることでした。賑わいを取り戻しつつある岡崎の街を見て、新たに商売を始めたい、事業を始めたい。そんな声を、まちゼミやまちづくり岡崎の活動を通じてよく聞くようになったのです。

声の主は商売をしている人とは限りません。今はサラリーマンだけれど、いつかは自分の店を持ちたい。店などないけど、何かやってみたい。そんな人が意外に多くいたのです。

全くのゼロから事業を始めるのはたいへんなことです。しかし一方、世の中では地域の課題に、ビジネスを立ち上げ応えていく「起業」が求められるようになりました。

全く経験のない人たちでも、「起業」するための手助けはできないだろうか。

私はまちゼミ浸透のために全国各地を回り、一方では岡崎で活動を続けながら、それを考え続けました。具体的にやりたい商売が決まっているならば、商工会議所が店の候補地を探してくれたり、商売の始め方を教えてくれたり、信用金庫が創業資金の融資の相談に乗ってくれたりします。でも、そこまで具体的なプランは持っていないけれど何かやってみたい。そんな人の気持ちに応える〝何か〟をずっと探していました。

そしてある日、私は自分の商売として、そんな人の声に応えられるビジネスを始められることに気がつきました。2022年8月、化粧品店みどりやの隣のスペースにオープンしたのが「BOX SHOP岡崎」です。

・私自身も挑戦し続ける

「BOX SHOP岡崎」は、その名の通り、130ほどのボックスが備わったスペースです。出店者にボックスを貸し出し、そこに自由に商品を展示してもらいます。展示した品をレジに持っていけばすぐに買うことができます。みどりやが精算を代行し、代金は後ほどボックスの借主へ支払います。

ボックスひとつひとつが小さなお店というわけです。

開店から半年経った2023年春の時点で、130のボックスはほとんどが埋まりました。

アクセサリーや自作の額などハンドメイドの雑貨類、自分で作った絵本、おしゃれな輸入雑貨、ありとあらゆるものが並んでいます。

私は、この「BOX SHOP岡崎」のオープンに先立ち、2022年夏の岡崎まちゼミで「将来お店を持ちたい方必見！ お店の作り方」講座を開きました。盛況のうちに終えることができ、受講者の中から「BOX SHOP岡崎」の利用者も生まれました。

利用者にはすでに商売をしている人が多いのですが、ここで初めて出店した人が30人います。つまり、その人たちにとってはこの小さなスペースが「初めてのお店」です。

これを手がかりに、次は本当のお店を出すのか、インターネット通販を始めるのか、今は多くの選択肢があります。将来性のあるビジネスの形を見つけてほしいと思います。

この「BOX SHOP岡崎」は、私自身にとっても、「起業」が求められるようになった時代に応じて立ち上げた新規事業です。私自身も新しいビジネスに挑戦しているわけです。

新しい商売といえば、私は焼き芋屋も始めました。

何か新たな商売はできないか。そう考えながら鹿児島へ行った時、とてもおいしい焼き芋に出会いました。めっちゃおいしい。これはみんなに食べてほしい。即座にそう思いました。

2023年2月、化粧品店みどりやの前で、鹿児島から取り寄せた紅はるかを材料に焼き芋の販売を始めました。「みどりやの焼きいも屋」です。紅はるかは、焼き芋にしたら最もおいしいと言われているサツマイモです。専用の焼き芋機も鹿児島で作られたものです。店前で焼いているので、通りに漂ういい匂いに引き寄せられて多くの人がのぞき込んでいきます。私はすかさず話しかけ、「BOX SHOP岡崎」に立ち寄っていかないかと勧めます。人に声をかけ、会話することがとても楽しく、こんな商売をずっと続けたかったんだと思っている自分に気がつきます。まる1日、店頭に立っていても飽きません。まさに商売の原点に還ったような気分です。

通りで売っているので、お祭りの縁日のような賑わいができます。それもひとつのねらいです。1日に180本も売れる時があります。といってもまだまだ採算はとれません。実験的な段階ですが、新鮮な気持ちを持てただけでも大きな成果でした。

まちゼミで各地を回りながら、いろいろな人の背中を押してきました。励まし、元気づけ、一歩前に出て挑戦をと盛んに勧めてきました。そんな人たちが地域で活躍し始める姿を見て、果たして私自身は挑戦しているだろうか、といつも思っていました。

「BOX SHOP岡崎」と「みどりやの焼きいも屋」は、全国のみなさんから刺激を受けて始めた、私の挑戦のひとつです。みなさんに負けないよう、まだまだ新しいことに挑んでいくつもりです。

まちゼミ物語

まちゼミで磨いた「講座」をビジネスに。さらに事業継承も
——吉田幸果《ゆきか》さん（川越まちゼミ）

まちゼミでできた〝人とのつながり〟が、新しいビジネスの立ち上げのきっかけになり、事業継承にまでつながった例があります。

蔵の街として知られるのが埼玉県川越市の商店街です。その入り口の川越名店街の中ほどに位置するのが、紅茶専門店「川越紅茶館coeur a coeur《クーラクー》」です。

同店が「紅茶浪漫館シマ乃」としてオープンしたのが２００２年。20年以上の歴史を持つお店ですが、２０２1年、オーナーは店を閉じる決断を下します。新型コロナは乗り切りつつありましたが、高齢のオーナーにとって店を運営し続けるには負担が重かったのです。

「年末までに店を閉めたいというお話を9月ぐらいに伺いました。当時、私はまだ子どもは小さく、また、独立した事業主の主人の手伝いもあって、どうしようかとずいぶん悩んだのですが、２カ月後の11月、譲っていただけないかとお話をしたところ、『実は待っていたんだ』と喜んでいただけました。『長く続けてほしい』と」。

２００２年のオープン当時から「紅茶浪漫館シマ乃」の店長を務めていたのが、吉田幸果《ゆきか》

さんです。

大きな決断を後押ししたのは閉店を惜しむ地元の利用者の声でしたが、もうひとつ、吉田さんが川越まちゼミを通じて培ってきた「講師」としての仕事がありました。

吉田さんは、川越まちゼミには2014年8月の第1回から参加して、紅茶専門店として「紅茶を楽しむ基礎講座」を開きました。おいしい紅茶の淹れ方を伝え、産地の違う7種類の紅茶を飲み比べて感想を語り合います。紅茶好きの女性たちに人気を呼びました。

以後、ロイヤルミルクティーを鍋で煮立てるところから作ってみたり、デコレーションケーキを作ってみたり、多彩な企画に挑戦しますが、これは「やるからには何かで1番になりたい」という強い気持ちからでした。吉田さんは、全国で行われているまちゼミの中で、最も「講座数」を誇る企画にしたかったのです。

どの講座も、募集すればすぐに人が埋まってしまうほどの人気を呼びました。噂を聞きつけた人が、東京の渋谷や横浜から訪れたこともあります。

受講者に喜んでもらえるならと、吉田さんは紅茶の知識をさらに探求し、紅茶のためのテーブルコーディネートなどの講座もこなしていきました。そのために日本テーブルデザイナー協会認定講師の資格も取得しました。たくさんのまちゼミの講座をこなすうちに、地元の生協やカルチャーセンターからも、教えてほしいと声がかかるようになりました。吉田さんにとって「講座」がひとつの仕事になっていったのです。

２０２１年、浪漫店シマ乃の閉店の話を耳にし、店を引き継ぐ決心をした時も、吉田さんの念頭にはこの「講座」がありました。すでにその時、吉田さんは、自宅で「埼玉川越紅茶とテーブルコーディネート教室「coeur a coeur《クーラクー》」を開いていましたが、それを引き継いで新しく生まれ変わる店で始めようと決心したのです。

こうして２０２１年12月、改装を終えて新しく誕生したのが、現在の「川越紅茶館 coeur《クーラ》 a coeur《クー》」です。吉田さんの自宅にあったテーブルウェア類をすべて店に運び入れ、紅茶やケーキを提供する従来の「飲食業」とともに、紅茶の知識やテーブルコーディネートなどを学べる「講座」を事業として位置づけました。

「基礎講座では、紅茶の歴史や産地による特徴、おいしい紅茶の淹れ方――ゴールデンルールを学びます。その後はティーパーティのマナー、開き方ですね。2時間の講座を2日に分けて2回、4時間みっちり学んだ後は小テストも受けてもらいます」。

まちゼミで10年以上培ってきた「講座」のノウハウを整理しつつ、受講者の要望に耳を傾け、紅茶を心から楽しめる「講座」を作っていきました。

できるだけ少人数で行っているところも「まちゼミ」で学んだことです。依頼があればマン・ツー・マンでも教え、依頼者の家庭へ出向くこともあります。スコーンの焼き方も研究して特別なレシピを作り、家庭で作れる「スコーン作り講座」も開いています。

リニューアルオープンして1年余り、「川越紅茶館coeur a coeur《クーラクー》」は、今では「学べる紅茶専門店」として知られるようになりました。川越まちゼミの「講座」と、事業として展開している「講座」を合わせて、吉田さんの受講者は、これまでのべ３４００名ほどにのぼります。ひとつひとつ積み重ねでたいへんな業績を築いてきたのです。

吉田さんは、現在、川越まちゼミの世話人のひとりとして、まちゼミ全体の運営にも関わっています。直近の２０２３年春の第17回川越まちゼミでは、68店舗が１０３講座を行いました。新規参加の事業所を増やすことが課題です。

「でも、始めてすぐにお客さんが増えるわけではありません。私も始めてから、『まちゼミをやっているお店だね』と認められ、店にお客様が定着するまで5年ぐらいかかりました。長く続けることが大事。そうすればお客様は必ずお店を思い出して、来店してくださるようになります。諦めずにコツコツやってください。そう言っています」。

蔵の街として知られ観光客が多い川越ですが、意外に地元の人の利用は少なく、まだまだ可能性があるといいます。「歴史もあるし、商店もある。地元の方も好きになれる川越になれれば」と吉田さんは語っています。

第5章　まちゼミが地域を強くする

まちゼミから発展、新イベントへ――まちをつくるまち商人たち

まちゼミでできた〝つながり〟を手がかりに、まちゼミ以外の地域の活動へ幅を広げる人もいます。年間通して地域を盛り上げたいのであれば、まちゼミとは別の催しに目を向けるのは当然かもしれません。第5章ではそんな人たち――まちゼミでできた〝つながり〟から、まちゼミ＋α、あるいはまちゼミとは全く別の催しに取り組む人たちに焦点を当てます。

マルシェ効果で30～40代受講者が増加――牛嶋紫さん（稲沢まちゼミ）

最近、まちゼミ＋αの取り組みとして、全国のあちこちで行われるようになったのが「マルシェ」です。ひとつの会場にたくさんのブースを設け、市民の方に、いくつもの「まちゼミ」を手軽に体験してもらう催しです。

稲沢まちゼミ（愛知県）では、一カ所でいくつものまちゼミの講座が体験できる「マルシェ」を開催。その後の稲沢まちゼミでは、30～40代の受講者が増えました。
（写真提供：稲沢商工会議所）

名古屋の北西、人口15万人が住むのが稲沢市です。稲沢まちゼミが始まったのが２０２０年秋。コロナでたいへんな時期でしたが、年1回のペースで続け、講座数も受講者数も順調に増加しました。２０２２年の第3回では68事業所が79講座を開き９７７人の受講者がありました。わずか3回目で目を見張る伸びです。

運営を担ってきたのが稲沢商工会議所です。同会議所が、２０２２年9月17日、第3回稲沢まちゼミの3週間前に開催したのが、「稲沢まちゼミマルシェ」でした。

「去年（２０２1年）の第2回稲沢まちゼミの受講者へのアンケートで、『行きたい講座がたくさんあったのに、同じ日に重なって行けなかった』というご意見がけっこうありました。一度に手軽にまちゼミの講座を受講することはできないか。マルシェしかないと。ちょうど稲沢商工会議所の創立50周年記念として予算もついたので、大きな会場を借りることができました」

「マルシェ」開催のために奔走した稲沢商工会議所の職員のひとり、牛嶋紫《ゆかり》さんです。準備は本当にたいへんでしたが、460人の入場者を迎えられてうれしかったと語っています。

会場はJR稲沢駅東口から徒歩3分の豊田合成記念体育館エントリオです。コンベンションホールを借り切り、稲沢まちゼミに参加する事業者から23の事業者にブースを開いてもらって短時間の講座を開きました。オープンなスペースにいくつものまちゼミのブースを置けば、どこからでも目に入り、好きなところへ回れます。いくつものまちゼミの講座を一ヶ所で手軽に体験することができるわけです。

まちゼミに行けなかった人も、まちゼミを全く知らない人も、手軽にまちゼミを知ってもらえます。稲沢まちゼミに興味を持つ新規の事業者にPRする目的もありました。

地元の漫画家、紗空想《さくそう》さんが、開いたのが「まんが・イラスト教室」でした。プラスチックに油性ペンでマンガを描き、オーブントースターで焼いて固めてキーホルダーを作ります。子どもたちの人気講座になりました。

女性が多く立ち寄っていたのが、WhiteRing《ホワイトリング》のドライフラワーのブーケ作りの講座でした。ほかにもライフプラン相談もあれば、ハンドケア、指導教室、シニアのための麻雀体験も。稲沢市は庭園用樹木の苗木生産で全国的に知られていますが、その苗木や地元の特産品、祖父江の銀杏関連の商品、マスコットキャラクターのいなッピーグッズなどの販売もありました。マルシェと名付けたのはこういうわけです。

会場が駅前だったことに加え、事前にＳＮＳやＹｏｕＴｕｂｅでＰＲした効果もあって、当日は予想以上の４６０名の来場者がありました。家族連れをはじめ、幅広い層の人たちが訪れたのです。そしてその影響は、３週間後の本番の稲沢まちゼミにも現れました。

「たとえばリラクゼーションサロン桜梅桃李《おうばいとうり》さんは、マルシェで『小顔首肩コリほぐし15分』講座を開いたのですが、『もうちょっとその続きを』と、本番のまちゼミへ行かれた方が数多くいらっしゃいました」（牛嶋さん）

第３回稲沢まちゼミでは、明らかに30〜40代の受講者が増えました。「マルシェ」には、稲沢まちゼミを地域に知らせる着実な効果があったようです。

一方、反省点もあったといいます。

「ひとつは人の出入りにムラがあったことです。時間帯によってはガラガラの時もあれば、『ものすごい人が並んで体験ができなかった』という声をいただいたことも。本当に申し訳なかったと思います。事前に予約できる仕組みがあれば良かったのですが」（牛嶋さん）

もうひとつは、準備は本当にたいへんだったことです。

「稲沢商工会議所としても初めての取り組みで、何から何まで手探り。もし次回やるのであれば、もう少し規模を小さくした『プチマルシェ』とか、『出張まちゼミ』のような形もありえるのかと思います」と牛嶋さん。

稲沢まちゼミマルシェは予算もつき、大会場での開催がかないましたが、予算のない地域は多いと思います。商店街の会場や公的な施設を利用したり、「出張まちゼミ」で要望のあるところへ出向いてミニ講座を開くなどの工夫で、もっと「マルシェ」を広げられそうです。

大型商業施設で「まちゼミ体験イベント」――森貴司さん（春日井まちゼミ）

一ヶ所で集中的にいくつかのまちゼミの講座を開いて、まちゼミのPRに務めている例がもうひとつあります。

名古屋の北に隣接する人口30万人のまちが春日井市です。その郊外に2021年10月にオープンしたイーアス（Iias）春日井は、全国展開する大型チェーンはじめ、大小60店以上のテナントが入る複合型ショッピングセンターです。

2022年10月1日と2日の土日の2日間、イーアス春日井の2階まで吹き抜けになった大ホール、ネイチャー・フィールド（NATURE　FIELD）で行われたのが、春日井まちゼミの「体験イベント」でした。

「春日井まちゼミの実行委員の中で、まちゼミとは別のイベントを開きたいという声があがりました。個人的にイーアス春日井さんとツテがあるというのです。通常ならばかなりのお金がかかりますが、イーアスさんのほうも、地元に貢献したい、地域の活性化に役立ちたい、ということで、屋台（ブース）の組み立て作業代などわずかな費用だけで使わせていただけることになりました」と、経過を説明してくれるのが、春日井まちゼミ実行委員長の森貴司さんです。

話が持ち上がったのは２０２２年春のことです。11月には第11回春日井まちゼミが控えており、ＰＲにはもってこいの話でした。しかし、舞台は郊外の大型商業施設です。そこでイベントを開いても果たしてお店までお客様が来てくれるのか。そもそも大型商業施設とは考え方が違うのでは……？。議論はあったそうです。しかし、イーアス春日井は土日の集客は抜群です。一度はやっておくべきと開催することにして、春日井まちゼミの参加店に声をかけると、10店が手をあげました。

きもの山喜の小川耕平さんが行ったのが「便利で可愛い！風呂敷ラッピング体験！」でした。呉服店を模した畳敷きの大型ブース内で、同店の若旦那、小川さんが、受講者に風呂敷ラッピングを教えました。

ポーラザビューティ春日井六軒屋店の臼井由美子さんが行ったのが、「簡単アンケートで貴女の魅力を高めるマスクセレクト」でした。パーソナルカラーで自分に似合うマスク選びができるほかに、ハンドトリートメント体験やＡＩによる肌分析を体験してもらいました。

しょくにん.comの岡田克己さんが行ったのが「包丁研ぎ講座（予告編）」でした。包丁を研ぐ前と後でどのように変わるのか、立ち寄られた方に研ぐ様子をお見せして、11月に実際に店舗で行うまちゼミへ来てもらうよう案内しました。

各ブースには春日井まちゼミのチラシも置いて、立ち寄る人に手渡すようにしました。

「ここで体験したので、すぐにまちゼミへ行こう、というわけにはなかなかならないかもしれません。すぐにイベントの効果が表れないかもしれませんが、出展したお店にとってはＰＲになったことは確実です」と森さん。

手応えはイーアス春日井にとっても同様だったようです。翌２０２３年にも同じ催しをすることになったからです。

２０２３年7月1日と2日の土日、今度は8事業所が、イーアス春日井のネイチャー・フィールドにブースを構えてまちゼミの講座を開きました。結果は大盛況で２日間で約１０００名の来客がありました。第12回春日井まちゼミのひと月前にあたる10月にも行う予定です（取材は２０２３年5月）。

春日井まちゼミの「体験イベント」は、実行委員とイーアス春日井さんとの関係により実現しました。しかし、「地元に貢献したい」と考える企業は増えました。以前は考えられなかったことですが、地元の企業（しかも大企業）がまちゼミで講座を開く例も増えています。このようなイベントにも協力してもらえる可能性は大きくなったといえるでしょう。

まちゼミからまちを賑わせる活動へ
——中村朋子さん（大東まちゼミ）

以前から地域で活発に活動してきた人が、まちゼミでできた〝つながり〟をもとに、その幅を大きく広げていく例が増えています。大阪の大東市で大東まちゼミの委員長を務める中村朋子さんもそのひとりです。

中村さんはミュージシャンです。ＪＲ住道駅の東、住道本通商店街の東にある「ハープ弾き歌いＴｏｍｏｋｏ＆おしゃべりスタジオ」を拠点に、ハープを弾きながら歌う演奏活動を続けてきました。もうひとつＮＰＯ代表という顔も持ち、地域活動に携わってきました。

大東まちゼミ（大阪府）の中村朋子さん（中央）の人気講座のひとつが「インターネットラジオ だいとうFMDJ体験」。中村さんはNPOの代表を勤めるなど、多彩な地域活動を繰り広げています。（写真提供：中村朋子さん）

「あちこち飛び回っているためスタジオを不在にしてシャッターを閉めていることが多く、

スタジオの認知度は低い状態でした。でも、まちゼミで変わりました」（中村さん）

大東まちゼミが始まる以前から、中村さんは、向かいのメガネ店グリーングラスの関山聡さんとスタジオの前でミニイベントを開いたり、見よう見まねで〝まちゼミのような〟催しに取り組んでみたり、マルシェをやってみたり、地域ににぎわいを取り戻したいと試行錯誤を重ねていました。

2018年初め、大東まちゼミが始まると中村さんはいち早く参加し、「ハープ体験」講座を開いたり、発声法を教えたり、音楽関連の講座が人気を呼んでいきます。

話題になったのが「インターネットラジオ　だいとうFM　DJ体験」講座です。中村さんはNPO法人大東夢づくりコミュニティの代表を務めており、そのインターネットラジオ局「だいとうFM」の収録スタジオも中村さんのスタジオ内にあります。そこに受講者を招いて、おしゃべりしながら収録するのです。受講者には、主婦もいれば、サラリーマンも、まちゼミ仲間の事業者もいて、年齢も立場もバラバラ。でも、みな大東まちゼミの話題でどんどん盛り上がりました

「ハープの演奏体験を受講した人が市民まつりに出るようになったり、DJ体験をされた人がイベントの司会にチャレンジしたり、大東まちゼミの受講をきっかけに、イベントのお手伝いをしてくださる方も増えました。みなさん地元に愛着があり、地域を盛り上げたいと思って

いたんです」（中村さん）。

まちゼミにすっかり打ち込むようになった中村さんは、まちゼミの勉強会をスタジオで行ったり、自宅サロンやハンドメイド教室など、店舗を持たなくとも講座が開けるようスタジオを提供するようになっていきます。まちゼミ期間中、中村さんのスタジオでは多ければ1日に4～5講座も開催される日があるほどです。

コロナ禍を経て、いっそう小さな地域コミュニティの必要性を強く感じた中村さんは、2023年5月、まちゼミの参加事業者に声をかけて自分のスタジオ前で「ミニマルシェイベント」を開催しました。

小さなブースをいくつも設けて、アクセサリーを作ったり、ハープの演奏体験をしたり……。お子さんからお年寄りまで誰でも体験を楽しめる、まちゼミをぎゅっと凝縮させた催しです。ここで行うベントとしては数年ぶりとなり、待ち望んでいた人たちが大勢集まりました。

シャッターを閉めた日が多かった「Ｔｏｍｏｋｏ＆おしゃべりスタジオ」ですが、こうして大東まちゼミの開催中もそうでない時も、ハンドメイド教室やパソコン・スマートフォン教室、いくカフェ（子育て世代の居場所）、落語会や音楽イベント、インターネットラジオの公開収録などなど、常に誰かが教室やイベントを開くようになりました。通りに人のにぎわいが復活したのです。

自主的に行ってきた「点」の活動が、まちゼミを通して「線」となり、賑わいを生み出してきたと中村さんは実感しています。

「もっともっと多くの人と繫がっていきたい。まちゼミを通してつながった輪で地域を盛り上げていきたい」と中村さんは語っています。

支援者も地域を変えていく

まちゼミをきっかけに、活動を大きく発展させているのはお店や事業者だけではありません。支援者たちも同様です。

地元名物『カキ小屋』でまちゼミ——伊豆ほずみさん、上野厳享さん（黒崎まちゼミ）

・自分で焼いて食べる「カキ小屋」イベントを実施

福岡県の北東、北九州市。八幡西区の黒崎では、2018年2月に黒崎まちゼミが始まり、年1回（2回の時も）続けられ、2023年2月で第7回を迎えました。海の幸に恵まれる福岡県ですが、特に秋から冬にかけて人々を魅了するのがカキです。特に北九州市では特産品の豊前一粒かきが有名です。

「『カキ小屋』がとても盛んな地域です。冬のシーズンになると、海岸沿いに何軒もの臨時の小屋が並びます。殻付きのカキをバーベキュー方式で焼いて食べるんです。漁師さんが開節したり、街中の飲食店が時期限定でカキ小屋に模様替えしたり、漁協や市行政が主催する大々的な『カキ小屋』イベントもあります。」地元名物「カキ小屋」についてこう説明してくれるのが、伊豆ほずみさんです。黒崎でのまちゼミ開始時から黒崎まちゼミ実行委員会の事務局を務めてきました。

もうひとり、事務局を務めているのが、株式会社まちづくりくろさきの代表、上野巌亨《うえのよしたか》さんです。黒崎まちゼミ実行委員会は、２０２３年2月、第7回黒崎まちゼミが行われるタイミングに合わせて「カキ小屋」イベントを開きました。題して「〜長崎〝海〟道　カキ食べ比べ〜カキ焼き祭り ｉｎ ＫＵＲＯＳＡＫＩ」です。

「コロナ明けの起爆剤として企画しました」と伊豆さん。

2月11日と12日の2日間、黒崎の中心部にあたる黒崎ひびしんホール前に、テニスコートほどもある巨大なテントを張りました。

テント下に並ぶのが、60席ほどのバーベキューのセットです。各席にはコンクリート製U字溝の焼台、ビールケースを利用したテーブル、キャンプで使うような折り畳み椅子が設置されました。会場の入り口で入場料を払えば、席が確保でき、殻付きのカキのセットと炭軍手や皿、箸などの道具を受け取れます。炭火を熾してある指定の席で、自分でカキを焼いて食べるという仕組みです。

この日、用意されたのは、地元の豊前一粒かきをはじめ、佐賀、長崎の3種類のカキを盛り合わせた「食べ比べセット」や、追加用の産地の選べるカキでした。江戸時代、黒崎は小倉から長崎を結ぶ「長崎街道」の宿場町として栄えました。内陸の街道ですが、黒崎は佐賀、長崎とは海でもつながっています。この日はそれを海の街道「長崎〝海〟道」として、北部九州沿岸の有名なカキを集めたのです。それがイベント名の由来です。

「軍手をはめて殻を剥きながら、ちょっとお醤油を垂らして、フーフーと焼いては食べ、食べては焼き……。全国の皆さんにも味わっていただき

黒崎まちゼミ（福岡県）では「カキ小屋」イベントを開催、会場の一角でまちゼミの講座を開きました。写真は、いろり まつもとの松本賢史さん（写真左）による「スパイスカレー講座」。（写真提供：伊豆ほずみさん）

たいです」と伊豆さん。

聞いているだけで生唾がわいてきますね。

しかし、準備は大変でした。上野さんは自ら軽トラックを駆って、長崎をはじめ各地を訪れカキを仕入れました。

「今年はカキが不作で、交渉途中で値段が上がることもありました。『話が違うやん』ともめましたね(笑)。そもそもどれほどの量を仕入れれば良いのか、事務局としては〝スモールスタート〟を考えていたのですが、関係各所から『もっとデカく、もっとデカく』と要望が出て、結局、こんなに大規模な催しになってしまいました(笑)」(上野さん)。

会場を盛り上げた要因がもうひとつありました。この日、北部九州の3地域のカキのほか、なんと北海道の紋別からホタテが届いたのです。

「1月に紋別まちゼミの佐々木薫さんが黒崎に来られた時に、紋別も黒崎も海産物が美味しいよねえ、という話をしてたんですが、せっかく『カキ小屋』をやるんだったら、同じ海産物つながりで紋別のホタテもいっしょに食べられたら面白いんじゃない?そんな話になりまして、2000㎞をひとっとびして、美味しいホタテを送ってもらうことになりました」(伊豆さん)

佐々木さんは、北海道の紋別まちゼミに熱心に取り組む、日本酒BAR勢の店主です。上野さんと伊豆さんは、以前から親交がありました。2023年1月、佐々木さんがお酒の仕入れがてらに黒崎に立ち寄った際、「カキ小屋」でホタテもいっしょに出そうというアイディアが飛び出し、ひと月足らずで実現させてしまいました。北海道と九州が一瞬でつながったのです。

・入り口付近のテントではまちゼミ講座を集中的に

こうして来場者が北部九州沿岸のカキと北海道のホタテを味わっている間、会場を覆う大きなテントの端、入り口付近に設けられた、もうひとつの白いテントで行われていたのが、5つのまちゼミの講座でした。

「レストラン リンドマール」の料理長であり、黒崎まちゼミの実行委員長でもある、満永恵太さんが開いたのが、「牡蠣パスタ講座」、カキを使ったパスタの作り方の講座です。

「いろり まつもと」の松本賢史さんが開いたのが「スパイスカレー講座」、こちらもカキとともに地元の黒瀬のスパイスを用いた料理講座でした。

「デリさかそ」の伊藤由紀子さんは、「自家製オイスターソースの作り方」講座を、また、「河村酒販」の諫元ゆかりさんは、「牡蠣に合う日本酒の選び方」を開きました。これにオイスターマイスターの仰木雅也さんによる「美味しい牡蠣の食べ方」講座が加わり、会場は料理も講座もカキ三昧となったわけです。

講師を務めたお店は、当日、別の青いテントで出店もし、そこでカキパスタやカキカレー、カキコロッケなど、まちゼミで披露した料理を提供しました。

会場を訪れた人たちは、自分で焼いて食べるカキやホタテとともに、これらプロの料理も併せて満喫できたということです。

「通常のまちゼミと違って、事前予約を不要にしたことも良かったようです。カキを目当てに来場したら、黒崎商店街の知っている店が出店していて、さらに何か講座もしているらしい。カキメニューは美味しかったし、ちょっと話を聞いてみようかな、と「牡蠣小屋まちゼミ」を受講された方もいらっしゃいました（伊豆さん）。

地元の人たちに黒崎まちゼミを知ってもらういい機会になったのと同時に、黒崎まちゼミに新たに参加したいと思っている事業者に対しても、効果的なＰＲとなりました。

「もう少し早く気がついていれば、もっといろいろな地域から、いろいろなものを送ってもらえたんじゃないかと思って、ちょっと悔しかったです」（伊豆さん）。

まちゼミでできた全国的なつながりを生かせば、地元で馴染みのイベントを、もっと美味しく、もっと面白くできるのではと言います。

一方、上野さんは、そのためにも、顔と顔を合わせた交流が大切と言います。

「紋別の佐々木さんは、もともと私が２０２０年に黒崎で開催された福岡県まちゼミフォーラムにパネリストとしてお呼びしたくて声をかけたことで知り合った方です。全国まちゼミサミットで紹介された佐々木さんの事例がとても面白く、黒崎の人たちにもぜひその取り組みを紹介したかったんです。県フォーラムでの佐々木さんの登壇はかないませんでしたが、その後の交流が続き、今回、こんな形で実を結びました」(上野さん)

上野さんは「福岡県まちゼミフォーラムｉｎ黒崎」での、参加者からの「まちゼミ仲間は親戚だ」という発言が忘れられません。そんな気持ちをまちゼミ仲間が共通して持っているから、地元の産品を送ってあげよう、助けてあげよう。そんな言葉が自然に出てくるというのです。黒崎の「カキ小屋まちゼミ」に北海道からホタテが届いたことも、まさにこのような関係ができているからにほかなりません。

「平塚まち活」がまちと人を変えていく——今井知之さん(平塚まちゼミ)

・「平塚まちゼミNAVI」の発行

神奈川県の平塚商工会議所も、平塚まちゼミの立ち上げ時から尽力してきた組織です。

２０17年1月に始まった平塚まちゼミは順調に発展し、２０２０年秋こそコロナ禍で休まざるを得ませんでしたが、翌年に復活。２０２２年秋には第6回を迎え、41店舗が49講座を開きました。まだコロナ禍にも関わらず、すべての講座を「リアル」で開催し、受講者は６００人を超えました。

「平塚駅前には20ほどの商店会が活動していますが、その垣根を越えた〝つながり〟ができたことは大きいですね。」7年にわたる平塚まちゼミの成果に触れるのが、平塚商工会議所地域振興課の今井知之さんです。

平塚でも、その〝つながり〟は、まちゼミ＋αの活動へと発展しています。そのひとつが「平塚まちゼミNAVI」の発行です。

「令和2（2020）年は新型コロナの流行が深刻化し、やむなくその年のまちゼミは見送ることにしたのですが、それまで4回行ってできていた、いい流れを途切れさせたくない。消費者の方に忘れてほしくないし、参加店のモチベーションも維持したい。そこであがってきたのが『冊子を作ろう』という声でした」（今井さん）

平塚まちゼミの運営に携わる若手事業者に声をかけ、冊子の作成を始めました。賛同を得た39店舗の情報を盛り込むのですが、「まちゼミらしく、講座内容にも少し触れてみようと、眼鏡屋さんであれば『偏光レンズって知っていますか？』、洋服屋さんであれば『スチームアイロンを使うポイントは？』と、商売の〝小ネタ〟をはさんだものにしました」（今井さん）と、各店の耳より情報を盛り込んだことが大きな特徴です。

原稿はすべて店主たちが自分たちで書きました。まちゼミで話すことには慣れてても、文書にするのはひと苦労だったそうです。

「平塚まちゼミＮＡＶＩ」は、まちゼミの過去の受講者、約５００名へＤＭとして発送したほか、地元の信金、公民館や図書館などの公共施設、大型商業施設ららぽーと湘南平塚に置いてもらいました。

その効果はあり、翌２０２1年秋の第5回平塚まちゼミでは、「冊子を見て講座に来た」、という人が現れました。実際に冊子を片手にやって来た人たちもいました。

参加事業者のモチベーションの維持にも役立ち、平塚まちゼミ復活の足がかりとなったのです。

・大学生の協力でインスタグラムで情報発信

平塚まちゼミは、神奈川大学経営学部との連携も生み出しました。

「ゼミの先生とは以前からの知り合いでしたが、（平塚商工会議所に）何かできないかと相談を受け、それでは平塚まちゼミに学生さんに関わってもらってはと提案しました」（今井さん）

大学では、学生が企業や各団体に入り、その課題解決を提案するマネジメントプログラム演習を行っています。対象のひとつとして、平塚まちゼミが加わり、学生は、平塚まちゼミの準備を手伝ったり、当日の撮影をしたり、アンケート集計をしたり、生の体験を通じて課題を探り、解決していこうという趣旨です。

全国の例に漏れず、ここ平塚でも主要な受講者は中高年の女性です。もっと層を広げられないか。特に若い層を増やすことは以前からの課題でした。学生の提案で始まったのがインスタグラムへの投稿です。平塚まちゼミに参加する店や事業所の基本的な情報はもちろん、まちゼミの講座内容や、店主の趣味など、学生に取材をしてもらいアップしていきます。

もうひとつ若い層を増やすため、学生に平塚まちゼミへの新規参加の勧誘にも加わり、具体的な講座内容の提案もしてもらいました。

「『私だったらこんなお店のこんな講座を受講したい』そんなお店に自分たちで声をかけて来てほしいというと、本当に営業を始めたんです」（今井さん）。

どの店や事業所が平塚まちゼミに加わる可能性があるのか、今井さんが情報提供し、今井さんも同行しながら、平塚まちゼミへの勧誘に回りました。

実現した講座のひとつが、美容室COCOA Glowの「自宅で簡単！ヘアアレンジ ヘアセット」です。実際に講座が始まると、受講者に若い女性が見られるようになりました。高校生や大学生も混じっていたそうです。

学生はテレビのレポーターにもなりました。地元の「湘南ケーブルテレビ」から取材依頼があり、学生レポーターを提案し、実現したのです。

2023年度もすでに5月から、新しい学生がまちゼミに関わり始めています。新鮮な視点と発想で、まちゼミに新風を吹き込んでほしいですね。
・歴史の掘り起こし、空き店舗のコミュニティスペースづくり――「平塚まち活」

平塚まちゼミの〝人とのつながり〟から発展した3つめの活動が、まちなかの活性化のための団体の立ち上げです。

「平塚市が、地域住民主体のまちづくりとして、コンサルティングを入れて活動を始めようとしましたが、白羽の矢が立ったのが、中心市街地で働く商店主たちです。特に平塚まちゼミを積極的にやられている商店主に声をかけ、事業にも関わるように誘ったんです」（今井さん）

2018年に発足した「平塚まちなか活性化隊」、通称「平塚まち活」は、平塚駅前の活性化を目的に、駅前商店街の若手店主たちが主要メンバーの団体です。

初年度の2018年度、目標として打ち出されたのが4つの目標でした。

そのひとつ「〈まちのPR〉歴史を感じられるまち」については、「平塚八幡宮の参道づくり」がひとつの戦略としてあげられ、空間形成ガイドラインを作成しました。

またもうひとつの「〈集客〉人が集まる・集まりやすいまち」のため、JR平塚駅から徒歩5分ほどの大門通り沿いの空き店舗を改装して、「まちなかベース きちきち（以下、きちきち）」を作りました。

買い物途中に休憩しても、待ち合わせに使っても、構いません。レンタルスペースとして、出店を計画している人が1日借り切ってお試し販売を行ったり、英会話教室やサークル活動などに使うことができます。多くの出会いや交流を促す、「楽しく元気なまちなかを創っていく拠点」（今井さん）で、「平塚まち活」によるまちゼミの講座も行われました。

2021年秋の第5回平塚まちゼミで「平塚まち活」が行ったのが、「平塚の〝○○〟について語ろう♪」講座でした。○○に「美味しいお店」「若者とまちづくり」「七夕飾り、こうやって作るんだ!?」「交流スペースを使ってみよう」の4つを当てはめ、語り合おうという内容です。「平塚まち活」のメンバーが得意分野についてそれぞれの講師となって進めましたが、このうち3つのテーマがきちきちで行われました。

翌2022年秋の第6回平塚まちゼミでもきちきちを会場に、「家族で挑戦！木工教室で椅子をつくろう」講座が開催されました。「平塚まち活」のメンバーのひとり、齋藤建築の齊藤弘さんが講師となり、受講者の親子といっしょに椅子作りを楽しむ企画です。

きちきちでは、ほかにも、認知症の方やその家族、介護に携わる人などが気軽に相談や世間話ができる「認知症カフェ」を定期的に行ったり、キッチンカーを呼んでイベントを開いたり、交流と賑わいを楽しめる拠点となっています。

「平塚まち活」では、このほかにも各商店街ごとにガイドラインを作ったり、まち中の空き物件を紹介するサイトを作ったり、多様な活動を繰り広げています。

「平塚まちゼミで商店主どうしがつながったというのが非常に大きいですね。みなさん『まちゼミがなかったら、ここまで来てない』とよく口にしています。平塚まち活の認知も進み、一緒に活動したいという方も増えてきました。ボランティアをしたいという地域住民の方もいらっしゃいます。商店主だけではなく、地域住民の方々が関わってくると、マンパワーが強力になるだけでなく、活動の質そのものが変わっていくと思います」（今井さん）。

平塚まちゼミは、商店街の垣根を越えた事業者どうしの〝つながり〟をつくりましたが、それがさらに地域住民との〝つながり〟へと発展しつつあります。

どこまで広がるのか。

「まちなかで挨拶する人が増えたという声もよく聞くようになりました。それが何よりですね」と今井さんは語っています。

立ちあがった地域ブランド――髙橋由記子さん、古田昌也さん（さつまｄｅまちゼミ）

受講者の声をきっかけに生まれた「薩摩おごじょうゆ」――髙橋由記子さん

まちゼミをきっかけに商品が生まれ、地域ブランドの立ちあげにつながった例があります。

鹿児島県のさつま町は人口約1万9千人弱の山々に囲まれた街です。「さつまｄｅまちゼミ」

が始まったのが2018年10月。年1回続けられ、2022年秋で第6回を数えました。

川内川沿いに発展した街の中でも、3つの国道が交差するところがさつま町の中心部です。そこから東へ4キロほどのところにあるのが農家そばヤマサキ、店主が髙橋由記子さんです。

父親と弟さんの山崎農場で作るそばを使った十割そばをはじめ、地元の食材を使った料理が人気の店です。古民家を改築した店には囲炉裏が備わり、独特の雰囲気を醸し出しています。

「ちょうどお客様から言われて商品化してみようかと思った時と、(「薩摩のさつま」の立ち上げの)タイミングがピッタリ合ったんです。ひとつひとつのピースがうまくはまった感じでした。まちゼミってすっごく面白い。そう思いました」

髙橋さんが開発したのが、お店で使っている、独自ブレンドの万能調味料を商品化した「薩摩おごじょうゆ」です。ストレートでも、希釈割合を変えて使っても、いろいろな料理に応用でき、おいしく仕上がる優れものです。

きっかけはさつまdeまちゼミでした。

髙橋さんは、さつまdeまちゼミには第1回から参加して、初めは「チョコプレート作り」を、第2回では榊金物店とのコラボ講座「初心者向け、デジカメ上達術!」をと、あらゆるテーマに挑みました。受講者との会話が新鮮な体験でしたが、手ごたえはいまひとつだったそうです。

「やっても何も残らなかった、というのは嫌だったので、勉強し始めました。お客さん(受講者)

が思ったほど来なかったけど、Ｚｏｏｍができるようになったよねとか、あの資格を取ったよねって、〝心の保険〟をかけて、自分のメンタルを保持し続けてきたんです（笑）。そうやってまちゼミを使っていけばいいと、考えも変わりました」（髙橋さん）

雑穀マイスターの資格を取得し、パワーポイントや、フォトショップ、イラストレーターも勉強しました。まちゼミの講座も辛抱強く続け、２０２１年春の第４回の「プロ顔負け！　劇的に変わる卵焼きの作り方♪」講座では、確かな手応えを得ました。

「卵焼きを作って受講者のみなさんに食べていただいたんですが、その時、味付けに使ったのが『かえし醤油』でした。家でもおいしい卵焼きができるようにと、講座後、受講者の方にサンプルをお渡ししたところ、後日、『初めて卵焼きがおいしいと褒められた』とか『色々な料理に使えて便利』という声が寄せられるようになったんです」（髙橋さん）

「かえし醤油」とは、醤油に砂糖やみりんなどを加えた、店独自のブレンド調味料です。そばつゆやめんつゆを作るのに使っていました。「売ってないんですか？」という声も寄せられたことで、髙橋さんは商品化を考え始めます。

「でも、お店では料理を作って提供するのでせいいっぱい。販売方法も流通方法もわからず、商品化なんて自分とは全く関係ないことだと思っていました」（髙橋さん）

夢で終わらなかったのは、ちょうどそのころ「薩摩のさつま」が立ち上がったからです。

2021年10月のことです。「薩摩のさつま」は、さつま町が地元の逸品を認定して全国にPRしていこうと打ち出した地域ブランドでした。実はこの提案者が、当時のさつまdeまちゼミ副実行委員長だった堀之内力三さんでした。

「色んなところで声をあげ続けてるんですが、なかなか具体的な動きにつながらないと悩んでいたので、私が間に入ってちょっと役場の担当部署にプッシュをしました」

当時の模様を語るのは、さつま町の職員の古川秀人さんです。

古川さんは、2017年10月2日、商工部門に異動になると、その3日後に鹿児島県まちゼミフォーラムに出かけて初めてまちゼミを知りました。最初は、誰もが傾倒している姿に「怪しい」と感じましたが、帰ってきて冷静に情報を整理し、他の複数の地域へ出向いて無理を言って各地区のまちゼミ説明会へ参加、またプライベートで受講者として講座を体験してみると、これこそさつま町に不可欠なものと確信するようになりました。

「さつま町ではすでにバルと100円祭は採り入れていました。商店街活性化三種の神器の残り一つまちゼミをやらないなんてもったいない。それで個人的に商売をやっている面白そうな方に飛び込みでどんどんあたったり、商工会や商工会青年部の会合でまちゼミの可能性をしつこく説く一方、とにかく松井先生を一回呼んでほしいと商工会を口説いて、なんとか商工会で、まちゼミの講演会を開くことができたんです」（古川さん）

町の一職員の枠にとどまらない行動力が、さつまｄｅまちゼミを実現させたわけです。今も「古川さんがいたからまちゼミができた」と言われるほどです。地元で何かしたいと考えた時、古川さんを頼る人は少なくありません。地域ブランド「薩摩のさつま」は、このようにまちゼミ関係者が数多く関わりながら、立ち上がったのです。

コラボ講座をもとに商品開発――古田昌也さん

さつまｄｅまちゼミと地域ブランド「薩摩のさつま」を語る上で、もうひとり欠かせない人が、古田昌也さんです。古田さんは、農産加工業Ｈｅｌｌｏさつまで食品加工の仕事に携わっています。まちゼミには当初から賛同して、２０１８年春の第１回では、いきなりコラボ講座「わが家のカレーをレトルトに！」を行いました。

「レトルトカレーっていろんな添加物が入ってるんじゃないの？　そんな誤解を解きたくて、自分のウチのカレーでもレトルトできるっていう講座を開いたんです。でも、どうしても殺菌の時間がかかってしまうので、その間に、筆ペン講座を開いて、パッケージをみんなで作ってもらうことにしました」（古田さん）

コラボの講師として招いたのが、地元のファミリーストア山之口ストアの山之口千草さんです。お店では色とりどりのＰＯＰでお客様を楽しませてきました。その技を、レトルトの殺菌時間に披露してもらい、受講者に自分のレトルトのパッケージをデザインしてもらいました。

講座は好評で、古田さんはこの時から商品化を意識するようになりました。地元の産品を使ったどこにもないレトルト製品を作れるのではないか……。

「何か商品をと探していた時に、見つけたのが、鹿児島の郷土料理、豚軟骨煮込みでした。試行錯誤して、山之口さんには今度はタレを作っていただいて、うちでレトルトとして商品化しました」（古田さん）

山之口さんは山之口ストアで惣菜を作っており、その腕を借りたのです。できた製品は好評でしたが、豚軟骨の入手が難しくなり、作れる個数に限りが出てしまいました。しかし、古田さんは「まちゼミでいろいろな業種の人とコラボをすれば、商品開発ができる」という確信を得たといいます。

そして次に作ったのが、『さつま町黒毛和牛たけのこカレー』、さつま町内産のタケノコを使い、やはり地元特産品の芋焼酎を調味料に用いた本格派のレトルトカレーです。

調味料としてふんだんに使ったのが、古田さんがかつてかかわった「焼酎プロジェクト」で作った「薩摩心酔 力三」です。焼酎を使って魚を煮たり、肉を炊いたりすれば臭みがとれ、甘味や風味が出ます。この地域に伝わる食文化です。

地元のホテルや旅館、酒販店で販売され、確実に売上げをあげましたが、「薩摩のさつま」

に認定されたことでいっきに全国展開できるようになりました。

さつまｄｅまちゼミと「薩摩のさつま」。形は違いますが、古田さんにとっては同じことだそうです。

「まちゼミはコミュニティ事業。人と人とのつながりを作り、こういうお店があります、あ あいう事業もありますと、紹介し合いながら、お知らせしていく。そのことをしっかりと理解した上でビジネスにしたのが『薩摩のさつま』。自慢の商品をこんな人がこんな工夫をして作ったんだと、やはりみんなで口コミで広げていく。やっぱりまちゼミがあったからこそ、こんな発想ができたんだと思います」（古田さん）。

高橋さん、古田さんのお二人は現在、さつまｄｅまちゼミの副実行委員長を務めています。

「まちゼミは漢方薬みたいなものという、最初に聞いたお話がずっと頭に残っています。1回目からうまくいく人もいるし、徐々に上手くいく人もいる。だからこそ続けなきゃ。実行委員になってからは、なおさらそう思うようになりました」と髙橋さん。

「可能性は広がりますし、正解も出てきます。お店ごと、事業者ごとに『正解』を見つけられるのがまちゼミです」と古田さん。

実行委員長の内喜彦さん（ウチ薬局店主）は、

「まちゼミで、年齢の違う者どうしの縦のつながりができ、同時に同じ事業者としての横のつながりができます。教えたり教わったり経験を語り合ったり、それを上手に維持すれば、地域全体でずっとつながり、ずっと続けていけるんじゃないでしょうか」と語っています。

まちゼミでできたつながりから、地域が発展し豊かになっていく。そのことをよく表しているのが、さつまｄｅまちゼミの事例です。

まちゼミ物語

小学生といっしょに商店街の課題解決

——松野良明さん（生麦ｄｅまちゼミ）

30年ぶりのお祭り「ＷＡＫＵ ＷＡＫＵ生麦ｄｅ事件まつり」

大企業や警察署、小学校などを巻き込む縦横無尽の取り組みでまちゼミを発展させ、地域での活動を広げていったのが、横浜の生麦で、理容店のハッピーバーバーマツノの店主を務める松野良明さんです。

２０１９年11月23日、横浜市鶴見区の京急生麦駅を挟む南北２つの商店街、岸谷商栄会協同組合と生麦駅前通り商友会を舞台に開かれたのが、「ＷＡＫＵ ＷＡＫＵ生麦ｄｅ事件まつり」でした。

京急本線をまたいだ南北約260mの通りを歩行者天国にし、そこで食べたり飲んだり、子どもたちが遊んだり学んだり、親子で楽しめる数々のイベントが開かれました。ここで開かれる催しとしては20年ぶりとも30年ぶりとも言われるほど大々的なものでした。

開催に尽力したのが、「生麦盛り上げ隊」の会長、松野さんです。

「生麦盛り上げ隊」は、その名の通り、生麦地域の活性化のため、生麦駅の2つの商店街と、隣駅の花月総持寺駅近くの花月園駅前通り花商会の、3つの商店街の若手経営者からなる組織です。そしてこの「WAKU WAKU生麦de事件まつり」のきっかけとなったのが、生麦deまちゼミだったのです。

「生麦にいろいろな潜在力があることはもちろん確信していました。でも、なかなか形にすることは難しかった。まちゼミで〝つながり〟ができたから可能になりました」(松野さん)。

2017年春、松野さんは、私(松井)の話を聞いたことで「商魂に火がつき」(松野さん)、愛知県岡崎市までやって来て2泊3日の講習を受けました。生麦に帰った後も4回の研修を受講し、生麦deまちゼミの開催を決意しました。自ら生麦駅周辺の約80軒の店や事業所を回り始めました。当時、松野さんのお子さんはまだ1歳になったばかり。ベビーカーを押しながらの訪問はただでさえたいへんでしたが、当時は誰もまちゼミを知らず、声をかけても断られ

生麦 de まちゼミ（神奈川県）の松野良明さんは、「WAKU WAKU 生麦 de 事件まつり」では生麦仮面としてプロレスにも登場（写真左）、会場は熱狂の渦に！（写真提供：松野良明さん）

るだけの、へとへとになる毎日だったと言います。

それでも熱心にまわり続けて２０１７年９月、ついに生麦ｄｅまちゼミを実現さました。松野さんはお父さんやお母さん、奥さんも総出で講座を開き、他店も熱心に取り組んだことで、生麦ｄｅまちゼミは地元に定着していきます。

松野さんがユニークだったのは、地元の大企業に声をかけたことでした。キリンビール横浜工場は、生麦駅から歩いて10分のところにありました。働いている人たちは毎日商店街を通って生麦駅を利用しているのに、全く交流はありませんでした。松野さんは、ダメ元で会社に協力を呼びかけると、意外にもすんなり了承されました。

「後から聞いた話では、協賛金を求めてのことならばお断りしていたかもしれないが、人手をかけて協力できることなら、と了承いただいたとのことです」（松野さん）

キリンビールも地域との関わり方を探っていたのです。真正面からぶつかったことが功を奏しました。

京浜急行電鉄のほうからは声がかかりました。同社も生麦 de まちゼミに興味があり、自分たちも講座を開けないかと打診してきたのです。

こうして第2回生麦deまちゼミでは、キリンビール横浜工場による「大人も子供も楽しめるキリンビール工場見学」と、京浜急行電鉄による「駅員さんの1日を知ろう！」講座が実現しました。

まちゼミでできた〝つながり〟はこれだけではありません。

第2回の終了後、今度はキリンビール横浜工場から、鶴見警察署とハンドルキーパー運動を行うので、商店街も参加してほしいと要請がありました。2018年末に実施しました。

大企業や地元の警察署との連携は、当時としては全国的にも珍しく、それだけでも注目されましたが、松野さんはさらにその先を見ていました。

「いろいろつながってきたことに、まだ住民の方は気づいていませんでした。それを表現してもいい頃なのでは」。

商店街の催しをしよう。しかも、これまでにない催しを。松野さんはそう決心したのです。そして2019年秋に開催したのが、冒頭でお伝えした「WAKU WAKU生麦de事件まつり」でした。2つの商店街と京浜急行電鉄もキリンビール横浜工場ももちろん大賛成、鶴見警察署も歩行者天国の許可を出してくれました。話を聞きつけ、近所の生麦小学校からも、子どもたちのキャリア教育のために商店街といっしょに何かできないかと打診がありました。こうして近隣の組織が力を合わせた、数十年ぶりの「おまつり」が実現したのです。

小学生がマップづくり、商品開発、地域のために知恵を絞る

しかし、翌2020年に入ると新型コロナの影響は深刻になり、生麦deまちゼミは中止せざるを得ませんでした。しかし、「WAKU WAKU生麦de事件まつり」は何とか続けたい。気持ちが沈みがちだからこそ「やりたい」「やってほしい」。松野さんのところへ届けられる数多くの声に押され、2020年10月、第2回「WAKU WAKU生麦de事件まつり」は開催されました。

「イベントはふつう1日2日で終わりますが、この時は1週間続けました。その間に何回か来てくれる方もいるでしょうし、そうすればきっと商店街のファンになってくれます。お

店にとっても、通常通りの営業を続けながら取り組むことができます。無理をしなくてもできるイベントにしたかったんです」（松野さん）

一定期間続けることは、まちゼミで学んだことです。翌２０２１年秋も第３回を開催、そして翌２０２２年11月にも第４回を開きました。いずれも１週間続ける特別なイベントにしました。

レストランでは薩摩産の黒豚を用いた料理を提供するなど「生麦事件」にちなんだ独自の商品を用意しました。また、アマレスの選手だった松野さんは、後輩のつてでプロレスラーを集め「商店街ｄｅプロレス」を開催しました。空き地にリングを設営し、松野さんも覆面レスラー「生麦仮面」として出場しました。スタンプラリーも人気が高く、大雨にもかかわらず、商店街の通りは、すれ違うのが難しくなるほどの人混みになりました。

それだけでもうれしいことですが、松野さんにとって、ほかにも大きな成果がありました。地元の岸谷小学校の子どもたちの取り組みです。

松野さんがまちゼミ開催に走り回っていたころ１歳だったお子さんは、もう小学生です。松野さんは地元の岸谷小学校でＰＴＡ会長になり、６年生の総合授業の講師も務めました。

「子どもたちが商店街の悩みを聴いて、それを解決する対策を考えてくれます。アンケートをとったり、グラフにしたり、ｉＰａｄでプレゼン資料を作るんですが、これが小学生が

作ったとは思えない出来で、本当に感心してしまうんです」（松野さん）
子どもたちが取り組んでいるのが「かがやく岸谷・生麦活性化プロジェクト」です。約20のグループに分かれて、松野さんの話をもとに、地元を盛り上げるためのアイディアを出し合います。授業後も、松野さんは子どもたちとメール交換したり、子どもたちに協力してくれそうなお店を紹介したり協力を続け、「ＷＡＫＵ ＷＡＫＵ生麦ｄｅ事件まつり」当日、子どもたちは活動の成果を発表して、実際に具体的な活性化策を実施しました。
「商店街の地図を作ってくれた子どもたちがいました。また、商店街のためにレモンスカッシュを商品開発してくれた子どもたちも。みんなここに住んでいますから熱量が違います。将来が本当に楽しみです」（松野さん）。
さて生麦ｄｅまちゼミのほうは、結局、２年休まざるを得ませんでしたが、２０２３年秋には復活しそうです。
「規模は小さくとも、あまり手を広げずにやるつもりです。幸い横浜信用金庫さんが講座をやってくれたり、参加事業者を募って回ってくれたり、非常に協力的です」（松野さん）
松野さんは３人目のお子さんが生まれて家はてんやわんや。それでも、まちゼミの復活を期待する声に励まされ、再開に向けて現在、必死に活動を続けています。

第6章　「全国一斉まちゼミ」で新次元に

新型コロナでまちゼミは滅びる⁉

新型コロナで打撃、4割のまちゼミが中止、オンラインしかない

２０１９年末から始まった新型コロナの感染はたちまち世界中へと広がり、２０２０年初めには日本でも感染者が出て大騒ぎになりました。

どこまで広がるのか。どうすれば良いのか。世界中の人々が不安に苛まれ、不安を煽るかのように、連日、感染者数の増加や、有名人の感染の報道が続きました。大都市圏を中心に緊急事態宣言も出されていきます。

外出を控え、人とは極力会わない、会わざるをえない時は一定の距離を取る――ソーシャル・ディスタンス（社会的距離）という言葉が定着したのもこのころです。

全国でまちゼミに関わっているお店や事業所が打撃を被るのは明らかでした。誰もが家の中

にこもるようになり、買い物を控えるようになるでしょう。事実、大勢の人が集まるイベントは制限され、飲食店をはじめ、人が集まる店舗には、営業時間の短縮や、休業が要請されていきます。そして私のもとへ続々と連絡が入るようになりました。

「客数が急激に落ちました」

「売上げが激減しました」

メールやＬＩＮＥ、Ｆａｃｅｂｏｏｋを通じて、このような連絡が毎日のように入って来るようになりました。

「このままではウチの店は潰れてしまいます」

「もう無理、やっていけません」

こんな悲痛な叫び声も届くようになりました。

メールやメッセージはピーク時で1日１００本にものぼりました。その数にも圧倒されましたが、ひとつひとつの言葉が私の胸に突き刺さりました。

何とかしなければ……。

既に各地で行われているまちゼミに影響が出ていました。おおよそ全国の4割ほどの地域が、まちゼミの開催を見合わせたのです。なんとか続けている残り6割のところでも、参加事業者をぐっと絞るなど、規模の縮小を余儀なくされていました。

このままではまちゼミも事業者もダメになってしまう。地域の経済や暮らしがおぼつかなくなってしまう。

収束する見通しは全く立たず、八方塞がりのように思えましたが、活路はありました。苦しい状況で何とかまちゼミを続けている地域では、どこからもコロナの感染者を出してしまったという報告を聞かなかったのです。

みなさん実に丁寧な感染対策を採っていました。受講者の参加人数を絞り込むことはもちろん、店内では距離をとって座るようにしたり、透明の衝立をおいたり、換気を十分にしたり……。考えられる限りの対策を採っていました。

商店街の施設や公民館などの部屋を借りて、まちゼミの専用会場としたところもあります。会場を限定することで、換気をすることはもちろん、講座後のアルコール消毒などをマニュアル化して、誰でも確実に感染防止を徹底できるようにしたのです。

もう一つ活路と思えたのが「オンラインまちゼミ」です。

私自身、コロナの感染が深刻になる中、打ち合わせにはもっぱらＺｏｏｍを使い、ＦａｃｅｂｏｏｋやＬＩＮＥも多用するようになっていました。みなさんも同じでしょう。

もちろん直接、顔を合わせてやりとりすることに比べれば、物足りないところはたくさんあります。でも、コロナ禍である以上、使わざるを得ません。そして四苦八苦しながらも使い続けていればなんとか慣れ、使いこなせるようになっていきます。

そうすれば利点も見えてきます。遠く離れていてもネットさえあれば日本の端と端とでも、地球の裏側の人とだって、話したり、打ち合わせたりすることが可能になるのです。

これしかない。オンラインだ。「オンラインでまちゼミ」を開けば良い。私はそう確信しました。

オンライントーク「コロナに克つ」で全国に声援

「オンラインまちゼミ」を行えば、コロナ禍であってもまちゼミは続けられる。元気を出してほしい。私は、そのことを、ぜひ全国でまちゼミに取り組む仲間たちに伝えたいと思いました。

そこで2020年から始めたのが、オンライントーク「コロナに克つ」でした。まちづくりや地域活性化のために尽力している専門家の長坂泰之さん、新雅史さん、笹井清範さんの3人を招いて、私を含めた4人によるトークを、オンラインで生中継する企画です。「コロナに克つ」というテーマ通り、危機の中、事業者はどう対処すれば良いのか。全国の仲間からの情報を採り入れながら、可能性のある方法を探っていきます。

全国から寄せられる効果的な感染対策をお知らせするとともに、「オンラインまちゼミ」をいかに現実にしていくかが大きな目的でした。各地の実践情報を3人の専門家に分析してもらいながら、「オンライン」でも「店の魅力を知ってもらう」効果的な方法を探っていきました。

各地の事例が続々と集まるようになり、そこからコロナ禍でのまちゼミを成功させる新たな〝原則〟が見えてきました。

まちゼミが推奨する受講者数は「5人から7人の少人数」というのが原則でしたが、感染対策を徹底させた講座では、マスクを着用、消毒も徹底、万全な対策のもと、人数をさらに絞り込んで3人、あるいは2人、場合によってはひとり、つまりマン・ツー・マンで行っているところがありました。また、みなさんZoomも思ったほど抵抗なく使いこなしていました。必死さとともに、新しいことに挑戦する楽しさも伝わって来るようでした。

オンライントーク「コロナに勝つ」は毎回、1時間ほどでしたが、伝えたいことは山ほどです。何を優先して、どう伝えていくか。毎回、4人で念入りに話し合い、準備をして挑みました。そのかいあって、毎回数百人の方が聞いてくださいました。最高では600人以上が集まったこともあります。参考になったという多くの声が寄せられ、私たちも励まされる思いでした。反響の大きさに驚くとともに、やってよかったと心から感じました。

一方ではこれでもまだまだ足りない。全国の事業者をもっともっと元気づける方法はないだろうか。そんな気持ちが高まってきました。念頭にあったのが、2018年の「ながさき県下一斉まちゼミ」です。まだ日本でコロナが深刻になる前のことですが、長崎県内の6つの地域で、まちゼミの期間が重なるようにして一斉に行ったのです。全国でも初めてのことでした。

成果は期待以上で、まちゼミに参加した店舗はいつもより2割増加し、受講者は3割増えたのです。一斉に行ったことで県内のテレビや新聞が取り上げ、まちゼミが一気に知れ渡ったためです。各地域の個別の合計を遥かに超える〝シナジー効果〟をあげたのです。(「ながさき県下一斉まちゼミ」の詳細はこの章の最後 まちゼミ物語 をご覧ください)

まちゼミにはまだまだ可能性がある。力を合わせればそれを引き出すことができる。県内でできたのですから、全国だってできるはず。コロナだから萎縮するのではなく、むしろより大胆に挑戦しよう。そんな気持ちにさせてくれたのです。

こうして「全国一斉まちゼミ」の構想が固まっていきました。一定の期間を決めて、その間、全国各地でまちゼミを一斉に行うのです。

オンライントーク「まちゼミで克つ」で提案したところ、大きなどよめきとともに賛同を得ました。みな待っていたのです。

オンラインまちゼミで復活

本当に「オンラインまちゼミ」なんてできるの？

大胆な構想でしたが、慎重に進める必要がありました。

「全国一斉まちゼミ」の開催中、どこかの地域でたったひとつのコロナのクラスターが出れば、「なぜこんな時期にやったんだ？」「すぐにやめろ！」という声があがるでしょう。事業者を元気づけるどころか、さらに意気消沈させてしまいます。

成功のカギを握っていたのが「オンラインまちゼミ」です。人と顔を合わせずにでき、感染対策としては最も安心です。

しかし、インターネットの環境を整えたり、Ｚｏｏｍの使い方を覚えたり、いくつもハードがあるように思えました。また、これまでやってきたまちゼミのスタイルとはあまりにも異なります。本当にそれでまちゼミになるのだろうか。誰もが参加でき、心から楽しめものにできるのだろうか。いろいろな疑問がわいてきました。

改めて「オンラインまちゼミ」についての疑問や意見を整理する必要がありました。

当時、「オンラインまちゼミ」について出されていた第1の疑問が、「オンラインまちゼミ」

を行っても、受講者は店の顧客になってくれるのだろうか、というものです。

本来、まちゼミは店内で少人数の受講者を相手に、講師は店主や店のスタッフが務めることを原則としていました。商売の考え方が一番表現されている店内で、店主やスタッフが直接、受講者に話しかけ、語り合うことで店の魅力を伝えることができます。

しかし、「オンラインまちゼミ」では、受講者は来店するわけではなく、自宅にいながら、パソコンやスマホを通して参加します。店や売り場を目にすることはありません。それで本当に店に魅力を感じてもらえるのでしょうか。またオンラインでは遠方からの受講も可能です。そんな人が店まで来てくれるのでしょうか。

私はこう考えました。オンラインまちゼミが、従来のまちゼミの原則に当てはまらないということは事実です。しかし、いまは緊急事態です。コロナへの感染を防ぎつつ、まちゼミを続けるためには「オンラインまちゼミ」が最も適した形です。

確かに、オンラインでは店や売り場を見ることができません。しかし、講座のテーマを店や事業に関係する題材にすれば良いのではないでしょうか。事業者の人柄や魅力を知ってもらうという、本来のまちゼミの目的を果たせるはずです。

また、遠方からの受講が可能という点については、チラシ等で受講者が住む地域をある程度、限定すれば良いのではないでしょうか。そうすれば後日、店まで脚を運んでみようかという気になってくれるでしょう。

もうひとつの疑問が、みなZoomに慣れていない。特に高齢の受講者が多いまちゼミでは、無理があるのではないか、というものでした。全国のまちゼミの受講者の平均年齢は60代から70代です。講師を務める店主やスタッフにも高齢の方はたくさんいます。ネットツールを使いこなすのはかなりハードルが高いのでは、と考えるのは無理もありません。

でも、考えてみてください。LINEは2011年6月に登場したそうですが、今では多くの人が家でも仕事でも家族や同僚、友人と日常的にコミュニケーションをとっています。年齢は関係ありません。また全国でまちゼミに取り組んでいる地域では、連絡やPRのためにFacebookを用いているところがたくさんあります。コロナ以前からのことで誰でも当たり前のように使いこなしています。

Zoomは今は馴染みのない方が多いのかもしれませんが、使い始めれば誰でも必ずできるようになります。できないと言うのではなく、やれるようにするのです。

万全の体制で着実な成功を

「全国一斉まちゼミ」実現のため、組織を整える必要もありました。まず有志で作ったのが「事務局会議」です。各地域のまちゼミで代表や事務局を務めていた人たちに集まっていただき、具体的なスケジュールを練りました。そして開催を2021年9~11月と決めました。

各地との連携のために作ったのが「連携グループ会議」です。そのほかに「Web制作グループ」(岡崎まちゼミの会世話人の市川敬晃さんら)には「全国一斉まちゼミ」専用のホームページを作ってもらい、参加を表明した各地のまちゼミを掲載しました。リンクをクリックすれば各地のまちゼミのホームページへ飛ぶことができます。受講を希望する人はまずこの「全国一斉まちゼミ」のサイトを訪れ、そこから行きたい地域のまちゼミを選んでクリックすれば、全国どこの講座も申し込むことができるというわけです。

「動画制作グループ」(調布まちゼミ実行委員長、谷中邦彦さんら)には、「全国一斉まちゼミ」のPR動画の製作をお願いして、YouTubeにアップしてもらいました。またそのアドレスをSNSで拡散しできるだけ多くの人の目に触れるようにしました。

「Web制作グループ」も「動画制作グループ」も、全国のまちゼミ仲間からそれぞれに詳しい人にボランティアとして参加してもらいました。みなさんたいへんだったと思います。

「支援者会議」は、オンライントーク「コロナに克つ」に参加していただいた新さん、長坂さん、笹井さんにメンバーになってもらい、商業やまちづくり、地域活性化など、それぞれ専門の分野でアドバイスをいただきました。

予算は全くありません。すべて手弁当、どの会議もグループもボランティアによる活動です。

ＰＲも、お金をかけずに行う方法を考えました。

まず、私自身、使っているメール、ＬＩＮＥ、Ｆａｃｅｂｏｏｋでつながっている人たちに、片っ端から「全国一斉まちゼミ」を開催する旨の連絡をいれ、参加を呼びかけました。その人たちに伝えれば、そこからまた拡散してもらえます。また、コロナ禍で縮小気味だったとはいえ、各地域に招かれ講演をしたり、研修会に参加する機会があれば、私は必ず「全国一斉まちゼミ」の開催を伝え、参加するよう勧めました。

各都道府県で催している「まちゼミフォーラム」は、お知らせには格好の機会でした。コロナ禍にもかかわらず、東京、福岡、埼玉で「まちゼミフォーラム」が開かれ、そこでもしっかりと伝えました。このようなＰＲ活動は功を奏し、やがてテレビや新聞が「全国一斉まちゼミ」を報道してくれるようになりました。

２０２１年６月５日には、「全国一斉まちゼミ」の開催に向けた決起集会を開きました。これもオンラインです。全国から約６００人の参加がありました。

新さんに寄せていただいたエールが、まちゼミの意義や期待をよく表しています。以下、その要約です。

流通科学大学の新《あらた》です。「全国一斉まちゼミ」にエールを送る大役をいただいてたいへん光栄です。

2003年、岡崎で始まった小さな取り組みは、今では全国の事業者を巻き込む大きなものになりました。

今「全国一斉まちゼミ」を行う意義は、大きく3つあると思います。

ひとつが、全国の事業者のみなさんはもちろん、国民のみなさんの気持ちを明るくできることです。新型コロナによりみなさん、心も身体も非常に厳しい状況に置かれています。「全国一斉まちゼミ」で商人はぜひお店に来てくださいと伝えられますし、受講者は講座で生活を豊かにできます。確実にみなさんの気持ちを明るくできると私は確信しています。

2つめが、自分たちは孤独ではない、みんなつながっている、そんなメッセージを全国に伝えられることです。一人ひとりの商人は独立した事業者ですが、孤独ではありません。「全国一斉にまちゼミ」により多様な才能を持った方たちが協力してひとつになれば、個々の力の足し算よりもずっと大きな効果をあげます。〝シナジー効果〟です。そしてそれこそ全国への強力なメッセージになるのです。

3つめが、まちゼミこそ地域活性化の最大のツールだと全国に知らせられることです。まちゼミには、お店の数だけ講座があります。全国で一斉に行えば、日本にはいかに多様な文化があるのか。それを知ってもらえる格好の機会になります。

私は商人ではありませんが、松井さんはじめ全国のみなさんの仲間のつもりです。仲間のひとりとして、この「全国一斉まちゼミ」をぜひ成功させたい。
みなさんぜひ、がんばってください。どうもありがとうございました。

ついに「全国一斉まちゼミ」開催

「全国一斉まちゼミ」への参加を呼びかけた手応えは十分過ぎるほどでした。みなさん、元気になれる企画を待っていたのです。

誰でもZoomなどのオンラインツールを使いこなせるよう、各地でツールに詳しい事業者、支援者の方の力を借りることにしました。まちゼミを開催する最初の数日間に、「オンラインまちゼミを理解するためのまちゼミ」を集中的に開くのです。受講者の方はもちろん、講師となる店主や事業者も対象に、まず、Zoomの使い方を覚えてもらいました。

念入りな準備を経て2021年9月1日、ついに「全国一斉まちゼミ」は始まりました。参加したのは全国の155の地域、500の商店街の、約7千のお店・事業者でした。11月30日までの2カ月間、それぞれの地域で一斉にまちゼミを開催したのです。1日でもこの期間にまちゼミを行えば、「全国一斉まちゼミ」に参加したことにしました。

全国ネットのテレビ局、地方局、そして全国紙、地方紙がいっせいに報道してくれました。開催前の紹介も含めると、テレビによる報道は計30本、新聞は計250本にものぼりました。まちゼミの名が全国的に知られるようになったのです。

京王沿線一斉まちゼミを実現——橋本まちゼミほか

参加した全国105地域全てをお伝えしたいところですが、とても紙面が足りません。ごく一部ですが、取り組んだ事例を紹介します。

神奈川県の北、相模原市。JRと京王電鉄の2つの鉄道が乗り入れる橋本駅周辺は、多くの店が集まる繁華街です。この橋本駅を中心に半径約500mの範囲で営業しているのが橋本商店街の約160店のお店です。

橋本まちゼミが始まったのが2010年のこと。以後、年に1度続けられ、2021年11月の第10回橋本まちゼミを「全国一斉まちゼミ」と位置づけました。そして慎重にコロナ対策がとられる一方、大胆な地域連携が進められていきました。

「路線図を見ていて気がついたんです。京王線沿線にはまちゼミをやっている団体がかなりあるなと。京王電鉄さんに協力いただければ、もっと面白くなるはず」

橋本商店街協同組合の事務局長、上田聡さんは、多摩地域をくまなく巡る京王線の地元・橋本駅のほか、烏山、三鷹、武蔵府中、調布、八王子、日野の各駅付近でまちゼミが開催されていることに気づきました。

一方、京王電鉄とは1年ほど前から交流がありました。橋本はリニア新幹線の駅として予定されており、周辺のまちづくりのため関連団体として顔を合わせる機会があったのです。いっしょに何かできないかという話もあり、橋本まちゼミにぜひ参加してみてはどうかと京王電鉄に声をかけていました。

「全国一斉まちゼミ」なのですから、京王線沿線の各地でも一斉にまちゼミが開催されます。京王線を利用する人にそのことを知らせれば、身近に感じてくれるはずです。

「京王線で一斉まちゼミ」を打ち出そう。統一ポスターを作って各駅に張り出そう。そうすればまちゼミを大いにPRすることができます。他の6つのまちゼミのリーダーや実行委員に声をかけると、大いに賛成との返事をもらいました。

問題は京王電鉄です。交流があり橋本まちゼミへの参加の話も進んでいたとはいえ、通常、駅にポスターを貼るとすれば数万円から十数万円の費用がかかります。複数の駅ともなれば数百万円単位の額になるでしょう。

ところが話を持ちかけるとあっさりと了承されました。大きな会社ですから、決定までに時間がかかると覚悟していましたが、意外にも「トントン拍子に話が進み」（上田さん）、京王線の全駅にまちゼミの統一ポスターを無料で貼ってくれることになったのです。期待を遥かに超える回答でした。「もうこうなったら飛びつくしかありませんでした（笑）。」（上田さん）

こうして作ったのが7団体による「京王線で巡る、得する街のゼミナール」の統一ポスターです。おなじみのまちゼミのロゴとともに集う人たちがイラストで描かれ、京王線の路線図の中に開催する最寄りの7駅がひと目でわかるようになっています。それぞれのまちゼミのQRコードも付けられ、スマホでスキャンすれば各まちゼミのサイトで講座内容を見ることができます。

地元だけでなく、京王線を利用して複数のまちゼミを受講する人を増やしたい。上田さんは鉄道による「回遊」が生まれると考えましたが、結果は期待以上でした。

京王線・井の頭線の全駅 (69 駅) で掲示された 7 つのまちゼミによる「京王線一斉まちゼミ」のポスター。鉄道で各駅のまちゼミを受講するという新しいスタイルが生まれました。

「まず、目立ったのは新規に講座を受ける人が増えたことです。ねらい通り、別のまちからやってくる人が確かにいました」（上田さん）

橋本まちゼミの受講者は３３０名でしたが、そのうち新規の人が１９６名にのぼりました。実に３分の２近くが新規の受講者だったのです。

また、市外からやって来た人は全体の２割ほどを占めました。その人たちももちろん新規受講者です。市内の受講者でも新規受講者が増え、トータルで３分の２になったのです。

「市内の新規受講者の方からは、『ここにこんなお店があったんだ』と驚きの声をいただき、市外から方には、『橋本にも行きつけの店ができた』と喜んでいただきました。橋本のお店を広範囲の方に知ってもらう格好の機会になったことは間違いありません。事業者からも『お知らせできる地域が増えてうれしい』という声があがっていました。ひと月で20〜30万も売上げをあげたお店もありました」（上田さん）

京王線を使いこなして各駅のまちゼミを楽しむ、という新しいスタイルができたのです。

上田さんは、京王電鉄の協力が欠かせなかったと振り返っています。そしてそのためには、「普段から連携しているか、メリットを明確に示せるか、行うことによって地域がどうなるのか」の３つを明確にできたからだと言います。

「京王沿線一斉まちゼミの各地の講座を受けるため、受講者は京王鉄道を利用します。新型コロナで乗降客数の減少に苦しんでいた京王鉄道のメリットは明白です。各地のまちゼミにとっても、地域を越えた集客が可能になります。また、鉄道を利用してまちゼミを楽しむ人が増えれば、地域は活気づいていくでしょう」（上田さん）。

やり方しだいで大企業を巻き込むことも不可能ではないのです。

この成功に勇気づけられ、7団体は2023年秋も同様の催しをする予定です。すでに京王電鉄との話も進んでいます。

「それがうまく行けば、次は『首都圏まちゼミ』をやろう、という話も出ています。すでに首都圏まちゼミ交流会は何度か開いており、顔見知りはたくさんいます。さらに連携を進めて、もう一度『全国一斉まちゼミ』をやりたい。そんな話も出ているほどです」（上田さん）

京王線一斉まちゼミの開催で、上田さんと他のまちゼミ仲間との〝つながり〟は一段と強くなりました。上田さんは、「私個人にとっても、橋本まちゼミという組織にとっても、非常に貴重な財産です」と語っています。

ほかにも続々と生まれた地域間連携

鹿児島県でも、県内の鹿児島市天文館、伊佐、鹿屋、さつま町、奄美の5つの商店街が、それぞれ行っていたまちゼミを一斉に開催する旨をＰＲして、県内を大いに盛り上げました。鳥取県でも、湯梨浜まちゼミ（湯梨浜町）、智頭《ちづ》まちゼミ（智頭町）、米子まちゼミ（米子市）、鳥取まちゼミ（鳥取市）、八頭まちゼミ（八頭町）、倉吉まちゼミ（倉吉市）の6つの地域のまちゼミが連携しながら「全国一斉まちゼミ」に参加しました。県内のテレビや新聞に取り上げられ、まちゼミの知名度をおおいにアップさせました。

全国各地で、誰もが「全国一斉まちゼミ」を成功させようと奮闘しました。その成果は数値にも表れています。「全国一斉まちゼミ」を無事に終え、ひと月が経った2021年12月、参加した全国の約7000店に向けて全く同じ項目でアンケート調査を実施しました。まちゼミでは、開催後、必ず結果検証会を開いて次につなげていますが、それを全国規模でやったわけです。

まず、「全国一斉まちゼミ」は、店の客数増や売上増につながったかという質問に対する回答に驚きます。初めて講座を開いた事業所さんのうち、52・6％が「新規顧客」の獲得につながったと回答し、6回以上講座を開いてきた事業所さんにおいては、何と92％が「新規顧客」の獲得につながったと答えているのです。まちゼミの回数を重ねれば重ねるほど、売上げにもつながっていることがわかります。

お店や事業者のPRになったことも間違いなく、まちゼミの参加料、数千円（地域によって異なります）に比較して、PR効果は桁違いに良い、コストパフォーマンスは抜群という評価でした。

受講者である地元住民の方や他の商売仲間とのつながりも、多くの方が「高まった」と答えており、まちゼミは着実に人と人とを結びつけていることがこの調査でも確かめられました。

群を抜いて「はい」の回答が多かった項目が、「自分たちの勉強になっているか？」という質問でした。実に97％の方が、自分自身やスタッフの勉強になっていると答えています。

もうひとつ新しいビジネスについても、71％の事業者さんが「参考になった」と答えています。事業を常に見直し改良していく、時には全く新たな事業に踏み出していく。まちゼミはそのために大いに役立っているわけです。

つらいことはたくさん、でもひとことで救われた

「全国一斉まちゼミ」を開催しようと呼びかけてから、実施まで約1年半。これほどたいへんな時期は、私の生涯の中でもありませんでした。ふだんにはないほど人と連絡を取り、Ｚｏｏｍで打ち合わせ、寝る間もないほどの忙しさでした。

しかし、そんな忙しさよりも、私がつらく感じたのは、まちゼミに取り組む意欲は満々だったのに、どうしても「全国一斉まちゼミ」に参加できなかった仲間がいたことです。

一番の理由は、その地域ではふだんは年初や春にまちゼミを行っており、9月〜11月の「全

国一斉まちゼミ」に合わせられなかったからです。

通常のまちゼミをはじめ、キッズや夜間など年に何度も多様なまちゼミを開いている地域もあれば、予算も労力もギリギリ、年1度でまちゼミを続けているところもあります。年初や春にかけて行っているところは多く、簡単にいつもの日程を変えるわけにはいかなかったのです。

「全国一斉まちゼミ」の開催を知った時には、すでに2021年度のまちゼミの予算はなく、諦めざるを得なかったという地域もありました。まちゼミにはチラシ制作や配布の費用がかかります。事業者の参加費でまかなうのが理想的ですが、補助金を得て運営資金にあてているところもあります。当時は新型コロナの感染を恐れ、人が集まる集会すべてを一律に禁止しようという動きがありました。2021年度のまちゼミも中止、延期として、予算をつけなかった地域は少なくありませんでした。

もうひとつ私自身、かなりショックを受けたことがあります。開催後のアンケートの中に、「全国一斉まちゼミを開催することを知らなかった。しっかりPRしてほしかった」という趣旨の意見がけっこう見られたのです。全体の10％ほどにのぼりました。いつものまちゼミだと思って取り組んだところ、終わった後で「全国一斉まちゼミ」だったと知らされた人というもいました。メール、SNS、講演会やセミナー、オンライントークセッション、YouTube……ありとあらゆる機会を使ってPRしたつもりでしたが、それでも伝え切れていなかった

「全国一斉まちゼミ」が終わった後もオンラインの活用は続きました。写真はZoomで開いた結果検証会の様子です。全国のまちゼミ仲間が意見交換しています。

のです。開催を知らなかったということは、当然、「全国一斉まちゼミ」の意義も伝わっていなかったということです。がっくりと力が抜ける思いでした。

課題はたくさん残りましたが、それでも「全国一斉まちゼミ」の成果は大きかったことは間違いのないことです。アンケートの回答にはこんな言葉も数多くいただきました。

「もし、『全国一斉まちゼミ』をやっていなかったら、松井さんにやろうと呼びかけられなかったら、コロナのためにウチの地域のまちゼミは消えていたでしょう。やって本当によかった。『全国一斉まちゼミ』をやったから、今につながっている」

この言葉で、私は本当にやって良かったと思いました。つらかったことも、すべて忘れることができました。同時に改めて各地でまちゼミに取り組んでいる方々へ頭の下がる思いがしました。新型コロナに追い詰められても、踏ん張り、挽回しようとした人たちが大勢いたのです。そのような人たちの存在が、どれほど私を、そして全国のまちゼミ仲間を勇気づけたことでしょうか。

自分たちで自分たちを奮い立たせる、元気にする。そんな仕組みは絶対に必要なのです。私はこれからもまちゼミを絶対に続けていくと、改めて強く決心しました。

まちゼミ物語

新地平を拓いた「ながさき県下一斉まちゼミ」

――松尾康正さん（新大工まちゼミ）

最初のまちゼミから頭の中にあった県下一斉開催

「全国一斉まちゼミ」の開催を決断するまでには葛藤がありました。

新型コロナで世界中が大混乱していた時期です。なにもこんな時にやらなくても。いや、この苦しい時期だからこそ、全国の仲間を励ましたい。

自信を持って「できる」と思えたのは、ひとつはZｏｏｍを用いたオンラインの講座ができたこと、もうひとつがまちゼミを続けている地域で感染者を出したという報告はなかったこと、そしてもうひとつ「ながさき県下一斉まちゼミ」が成功していたからです。
長崎県の6つの地域による「ながさき県下一斉まちゼミ」が行われたのは、まだ新型コロナが問題となる前の2018年秋のことです。

全国的にも初めてで、多くの人が注目しましたが、成果は期待を遥かに超えるものでした。各地で個別に行っていた時の合計に比べ、参加事業者は2割増、受講者は3割増だったのです。この成功があったから全国一斉まちゼミへと踏み切れたのですが、そもそもこの「ながさき県下一斉まちゼミ」、どのように実現したのでしょうか。

「2014年に第1回新大工エリアまちゼミをやった時に手応えは十分でした。商店どうしのつながりをものすごく感じて、これは間違いない、ものすごいパワーになる。この時から僕の中には、『県内一斉の開催』があったんです」

長崎市の長崎港を中心に広がる市街地の一角、港から1・5キロほどのところにあるのが、新大工町商店街（新大工町商店街振興組合）です。石畳のシーボルト通りと、その南の新長崎街道（県道34号線）沿いに全部で110店ほどの店が集積しています。

そこで美容室のD-born《ディーボーン》を経営するのが松尾康正さんです。16歳で上京して美容師として修行を開始。大手美容チェーンに勤めて輝かしい実績をあげた後、31歳で帰郷、2004年に開業しました。それから20年が経とうとしています。

松尾さんはこれまで地域のために数々のイベントに取り組んできましたが、その効果は店や業種で大きく異なり、それが大きな悩みでした。

しかし、まちゼミならば業種を選びません。各店の店主やスタッフが直接、働きかけるところも気に入りました。受講者の反応を直に感じることができます。

知り合いの店に呼びかけ20店20講座の第1回新大工エリアまちゼミを開いたのが2014年10月のことです。松尾さんの「愛娘に人気のあみこみ講座」は大好評でした。

そして松尾さんには、すでにこの時から「県内一斉開催」のイメージがあったのです。

各地を回り、補助金を獲得し、CMを流して

私は、第1回新大工エリアまちゼミの結果検証会にお邪魔した時、松尾さんが熱心に「県内で一斉に」と語っていたことを覚えています。しかし、当時はどうしても現実になるとは思えませんでした。ここ新大工も県内の他地域もまだまちゼミを始めたばかりで、定着させていくことが当面の課題でした。また、各地域のまちゼミの運営方法に差があることも心配でした。事業者が始めたところもあれば、商工会議所が主導しているところもあり、足並みを揃えて一斉に何かを進められるとは思えなかったのです。

それでも松尾さんは「県内で一斉に」と言い続けました。2年が経ち、3年が経っても、言い続けました。すでに新大工エリアまちゼミは春秋年2回の開催が定着し、順調そのものに思えました。松尾さんの「愛娘に人気のあみこみ講座」もまた毎回受講者があふれすっかり定番になりました。

「僕の中には（『ながさき県下一斉まちゼミ』が）『成功する』という青写真しか見えませんでした。根拠ですか？　うーん、とにかくそうとしか言いようがありません」（松尾さん）。

松尾さんは、直感とも言える確信で構想を温めていたのです。

第1回新大工エリアまちゼミの開催から3年が経った2017年秋、松尾さんの熱意に動かされ、私は長崎県内の各リーダーたちを紹介することにしました。すでに各地でまちゼミが定着しつつあり、他地域へ関心を向ける人たちが現れていたからです。また、心配していた運営方法についても、共通のイメージで話し合える段階に来ていたと思えました。

「長崎市内でまちゼミをしていたのは、私たち新大工と、平和町商店街の2つでした。まずその2つで実行委員会をつくりました」（松尾さん）

松尾さんが長崎市内でまず実行委員会を作ったねらいは、ほかにもありました。「ながさき県下一斉まちゼミ」へと一足飛びに向かうのではなく、その前の段階として「長崎県まちゼミフォーラム」を開こうとしたのです。

都道府県単位で行うフォーラムは、すでに先例がありました。話題になったまちゼミの講座を発表したり、関係者が話し合ったり、お互いに情報交換するのですが、確かにまちゼミという共通の話題で喜びや苦労を語り合えて、深い信頼関係を築くことができます。

松尾さんは、自分の脚で各地を回り始めました。要件だけならば電話やメールで済みますが、やはり、顔と顔を合わせて話がしたかったのです。熱意が伝わったのでしょう。すべての地域で、フォーラムも「ながさき県下一斉まちゼミ」も賛成してくれました。

長崎県、長崎市、商工会議所、長崎県中小企業団体中央会など、関連すると思える団体や組織はもれなくあたり、補助金を獲得、地元企業にも協賛を持ちかけ、なんとか予算を確保しました。

6地域全員の合意で実現したのが、テレビCMです。ポスターも作りました。県内に15秒のCMが流れ、インスタグラムなどSNSでもPRを始めると、新聞、テレビ、タウン誌等の取材の申し込みが入り始めました。

情報量の少ないところほど効果は大きく

「ながさき県下一斉まちゼミ」といっても、6つのまちゼミを完全にひとつにするわけではありません。それぞれいつもの通りのまちゼミを開きますが、開催日程を合わせるようにするのです。特に松尾さんがこだわったのが開始日でした。

「春と秋の両方やってるところも、秋だけやってるところもありました。そこをなんとかとにかくスタートだけは一緒にしましょう。それでドーンと花火上げましょうと」(松尾さん)

2018年10月17日にスタートすることを決めました。終了時期は各地域のまちゼミに任せます。開催日程を合わせただけで良いのでしょうか？　非常にシンプルな発想でしたが、効果は期待以上でした。

まず、まちゼミに参加する事業者が増えました。6地域トータルで、いつもよりも2割増でした。CMでまちゼミが長崎県内で知られるようになり、各地域で新規の勧誘がしやすくなったのです。

「実は地域によって差がありました。私のところの新大工はそれほどでもなく、松浦とか平戸のほうがかなり増えたんです。通常、このあたりでイベントが開催されても、テレビや新聞はあまり取材に行くことはありません。でも、テレビCMはどの地域も均等に入ります。その効果が現れたのだと思います」(松尾さん)

ふだんあまり話題にならない地域ほど、「地元で何かやってるぞ」と興味をかき立てることになったのではと、松尾さんは分析しています。

受講者の増加についても同様です。6地域トータルで3割増しでしたが、市街地よりも郊外でさらに増える傾向にありました。

それにしても全国でも初めての試みでした。松尾さんに不安はなかったのでしょうか？

「僕の中には、確信しかありませんでした。各地のリーダーたちに会いに行った時、その確信はさらに強くなりました。各地のリーダーたちに加え、協力して下さった長崎市の職員さん、商工会議所の職員さん、そして（長崎県中小企業団体）中央会の職員さんも、みんなつながってるんですよね。それを肌で感じて、あ、これでもう大丈夫だと」（松尾さん）

私は松尾さんに何度か「なぜ、そこまで確信を持てたのか？」と質問しましたが、どうやらそれは直感的なもので、それ以上は表現できないようです。もはや信念としかいいようがありません。

その後も長崎県内の各地のリーダーたちはつながり続け、翌2019年にも、「リレー開催」として、6つの地域が、今度は時期を少しずつズラしながらそれぞれのまちゼミを開催するという試みもなされています。これらが2021年秋の「全国一斉まちゼミ」につながったことは再三お伝えした通りです。

まちゼミが人を動かし、そんな人がまちゼミを発展させていく。松尾さんの取り組みは、そんな典型例と言えるでしょう。

おわりに

岡崎でまちゼミが始まって以来、沖縄から北海道まで全国各地へ伺い、話を聞いていただいた方は延べ12万人以上になります。どこでも自らの地域を良くしようと頑張る商人、支援者が必ずいらっしゃいます。まちづくりは属人的とつくづく感じ、であるからこそ頑張ろうとする方が地域に増える事が大切だと日々感じています。まちゼミ事業も同様です。私のまちづくりにおける兄貴分、佐野荘一氏から学んだ「同じこと」を「同じ場所」で「別の人」がやると「違う結果」になるという考えは正にそうで、地域の活性化に尽力する「人」の存在が欠かせません。

今回の書籍は事例集、ノウハウ集というより全国で頑張る「人」にスポットをあてました。取材させていただいた地域以外にも、全国各地には取り上げたい「人」は無数にいらっしゃいます。

北海道紋別市では札幌のセミナーで私の講演を聴いた宮川法親氏（当時紋別まちおこし塾代表）が中心となって２０１４年にまちゼミを導入、10年間継続するなか、まちゼミだけでなく地域課題への対応から「紋別みんなのまちなかプロジェクト」を立ち上げ、空き店舗再生やまちの賑わい創りに進んでいます。小樽市では本田純氏らが中心となって「まちゼミは地域が変わる事ができる良いチャンス、誰かがやってくれるのを待っているのではなく、自らやるしか無い」とまちゼミをスタートさせ、周りを巻き込み頑張っています。

青森県むつ市では、呉服店店主の後藤憲和氏がまちゼミで出会った米国の女性と結婚が決まったと聞き、嬉しくて仕方なかったです。後藤氏は「まちゼミはお店や商店街の活性化だけではなく、地域を良くしたいと携わっている人も活性化する事業」だと語ってくれました。青森県おいらせ町では商工会長の木村雅行氏らが地域の特性をいかしてイオンとの連携まちゼミを実施、話題を集めました。岩手県陸前高田市では、震災を経て全国初の仮設商店街でまちゼミを行いました。小笠原修氏、伊東亜希子氏、磐井正篤氏、種坂奈保子氏、商工会職員吉田康洋氏などのリーダーが復興への取組みのひとつとして継続しています。

茨城県土浦市では大沼義明氏、大久保博氏らがまちゼミの書籍を何十冊も買い、適切なまちゼミ普及に務めています。栃木県鹿沼市ではまちゼミ導入の立役者、会議所職員の水越啓悟氏が先進的な創業啓発事業、シュウマイでの地域活性など多様な取り組みをしています。

東京都東久留米市の横井修氏は、地元のＦＭコミュニティラジオでお店の魅力をお届けする「生放送でまちゼミを語ろう」を担当しています。板橋区ハッピーロード大山では、リーダー的存在である小原宜義氏さんらが２０１５年にまちゼミを導入し、商店街エリア以外の事業者も多く加えて実施。ハッピーゼミのチラシデザインはインパクトがあり、話題を呼んでいます。

あきる野市、商工会の事務局長、山口純氏はまちゼミの魅力を「モノを売るのではなく、人に喜んでもらいたいという気持ち、〝商人魂〟を事業者の皆さまは持っている」と語りました。推進役として岡野悦史氏が取り纏め、2023年からは自主運営体制がスタート。青木龍太氏らが率先し盛り上げています。三鷹市では、商工会長の岩崎守利氏らが中心となり、2021年に東京都まちゼミフォーラムを開催しました。小池百合子知事からビデオメッセージでエールをいただき、参加者に元気を与えました。千葉県で初の導入となった新松戸では、支援機関に頼ることなく上野雅史氏ご夫妻が地域を取り纏め実施しています。習志野市では元商店街職員、浅井恭子氏が意欲的な事業者を巻き込み「ナラシドまちゼミ」を実施。

長野県塩尻市では商工会議所事務局長、海津健司氏と、まちづくりで著名な元塩尻市職員山田崇氏の尽力によりまちゼミがスタート。現在は実行委員会へバトンタッチしました。マルシェとの連動や様々な取り組みを草野徹氏、松尾純子氏といったリーダーが頑張っています。松本市ではまち商人として尊敬する木下匡晃氏らがまちゼミの魅力をSNSなどで発信し、火をともし続けています。静岡県浜松市では2009年にまちゼミを導入した佐々木まり子氏らが「お客様と店主というタテの糸と、店主同士というヨコの糸をつむぐ」事業として精力的に取り組んでいます。岐阜県飛騨市古川では商工会職員、向林幸代氏が火付け役になりました。2018年に3年振りに私が研修に伺う際に、下出由美子氏、三浦順子氏、澤雅之氏らが「何もしなければまちは衰退していくばかり。始めましょう」と事業者向けに動画で想いを伝え、研修会を開催しました。

滋賀県守山市では2010年にまちづくりの研修会で石上僚氏（みらいもりやま21）と出会

い、商工会議所の主催でまちゼミが始まりました。今では湖南四市まちゼミとして草津市、栗東市、野洲市、守山市が連携事業として取り組んでいます。岐阜県多治見市では小口英二氏（たじみDMO）と出会い、まちづくり会社と地元商店街と連携してまちゼミが導入されました。

広島県府中市ではまちなか繁盛隊事業として高橋良昌氏らと商工会議所がまちゼミを導入。2022年にはコロナ禍で広島県まちゼミフォーラムを実施、中村八栄氏は「こういった時期だからこそ、まちゼミで培ってきた横のつながりを大事に頑張りたい」と語りました。徳島県阿南市では商工会議所職員、野村千寿子氏がまちゼミの魅力を伝えたいと回を重ねて2023年には15回目を実施。坂東愛佳氏ら中心メンバーが協力して始めた「あなんまちマルシェ」は第5回目を終えました。まちゼミで知り合った事業者さん同士でイベントを開催する機会も増えました。サッシ屋さんでは「網戸の貼替」講座で好評で、毎年夏になると数年来のお客様が連絡をくれるそうです。まちゼミのチラシを見て思い出していただくようです。

岡山市表町商店街ではまちゼミ研修の講師役も幾つかの地域で担っていただいている矢部久智氏と実行委員会メンバーが中心に活動しており、「岡山県立岡山東商業高等学校」の生徒が、授業の一環として小学生を対象にまちゼミを実施しています。加えて岡山理科大学経営学部では、まちゼミのノウハウを生かし「こどもゼミ」と題し、小学生を対象にゼミを独自に展開しています。また、岡山県生涯学習センターとも連携しており「岡山県生涯学習大学」と称し、県民の生涯学習を応援する事業に「まちゼミ」が認定され、表町まちゼミだけではなく岡山北まちゼミや玉島まちゼミも受講すると県から単位認定されます。つまり、まちゼミが岡山県から認められる認定講座になっているのです。鳥取県湯梨浜町では導入時担当の福本治子氏らが鳥取県まちゼミフォーラムを企画、コロナ禍での事業者、支援者に元気を与えました。

福岡県飯塚市では2013年から年2回開催しています。「合気道教室」「ドローン講座」「葬祭場の家族葬見学」などは毎回好評で、新たな講座もジャンルも増えてきました。縄田真照氏を中心に気軽にまちゼミを感じてもらう「プレまちゼミ」も導入しました。宮崎県日向市では商工会議所が事務局を務め「コロナ禍で心が折れている時、だからこそ次に繋がる連携が必要」と寺尾秀貴氏、明神勝彦氏らが頑張っています。西都市では、梶弘和氏が中心となり、仲間との関係性を築いています。会議所職員である川上大介氏はまちゼミで更に大きな成果を得て、全国まちゼミサミットで好事例を発表すると言っていただきました。とても嬉しく思い、次回ぜひお願いしたいと考えています。沖縄県沖縄市では県内のまちゼミ研修をサポートしてくれる広瀬陽氏がいます。まちづくりのキーマンとして私と共に全国タウンマネージャー協会の役員としても、県内のまちづくりに重要な役割を果たすべく、日々伴走しています。

忘れる事のない仲間、長崎県松浦市では亡き高田康世氏が県内で繋がりを増し、新大工町の松尾康正氏と共に長崎県一斉まちゼミを開催、その結果、コロナ禍からの脱却を図るべく全国一斉まちゼミが実現しました。福岡県久留米市では亡き行徳和弘氏が懇親の席で「松井さん、ぜひ全国一斉まちゼミをやりましょう。西鉄沿線で成果をあげたい」と語り合ったのを忘れる事ができません。行徳氏は、「まちゼミはしかめっ面のまちづくりではなく、皆がいきいきしているまちづくり」と常々語っておられました。久留米では若くしてお亡くなりになった友、久留米まちゼミのリーダー西原健太氏の事を忘れる事はありません。私が近隣地域にて研修会を実施する際には駆けつけてくれた彼のご恩に私はどうこたえたらよいかと思う日々です。

全国一斉まちゼミでは、成果データをまとめていただいた中小企業診断士、鵜頭誠氏には大変お世話になりました。東京都区内では私と共にまちゼミの研修講師として世田谷区尾山台の高野雄太氏、調布まちゼミの谷中邦彦氏に様々な研修会でサポートいただき深くお礼を申し上げたいと思います。まだまだあの人のことも、この地域のことももっと伝えたい。全てのまちゼミ実践者の物語を伝えたい。今後もあらゆる機会にしっかり書くこととします。

岡崎の世話人の仲間、堺康裕氏、杉浦文子氏、古田昌弘氏、磯貝健氏、竹内さちよ氏、天野めぐみ氏、高木太輔氏、市川敬晃氏、小倉とみ子氏には感謝に耐えません。そして、岡崎を離れ活動する私を支えてくれているまちづくり岡崎のメンバー、家業であるみどりやのスタッフ、そしてなにより大切な家族に心より感謝いたします。

松井洋一郎

著者紹介

松井 洋一郎（まつい よういちろう）

1968年愛知県岡崎市生まれ。株式会社みどりや代表取締役。専門学校卒業後、OA機器販売会社を経て、家業である化粧品専門店 株式会社みどりやに入社。岡崎まちゼミの会代表、株式会社まちづくり岡崎の代表取締役として、「まちゼミ」を中心に岡崎でさまざまなまちづくり施策に取り組む。また、内閣府 地域活性化伝道師、一般社団法人全国タウンマネージャー協会会長として全国各地のまちづくりに関わっている。著書に『まちゼミ さあ、商いを楽しもう！』（商業界）、共著書に『100円商店街・バル・まちゼミ お店が儲かるまちづくり』（学芸出版社）。

【取材・構成】

山本 明文（やまもと あきふみ）

ルポライター。大学卒業後、出版社勤務を経て独立。主にビジネス、地域活性、科学技術の分野で執筆。著書に『多摩のものづくり22社』『千葉の注目20社』（ダイヤモンド社）、『12人の優しい「書店人」』『誰かのためにできること』（商業界）、『ルポ日本の保健所・検疫所』（コープ出版）など。取材・構成に『まちゼミ さあ、商いを楽しもう！』（商業界）。

みんなのまちゼミ
頼りにされるお店と街をつくる方法

2023年9月15日　第1版第1刷発行

著　者………松井洋一郎
取材・構成……山本明文

発行者………井口夏実
発行所………株式会社 学芸出版社
京都市下京区木津屋橋通西洞院東入
電話 075-343-0811　〒600-8216
http://www.gakugei-pub.jp
E-mail info@gakugei-pub.jp

編集担当………岩﨑健一郎

DTP………㈱フルハウス
装　丁………中川未子（紙とえんぴつ舎）
装　画………邪悪なハンコ屋 しにものぐるい
印　刷………イチダ写真製版
製　本………新生製本

© 松井洋一郎・山本明文 2023
ISBN 978-4-7615-1383-2　Printed in Japan

JCOPY
〈(社)出版者著作権管理機構委託出版物〉

本書の無断複写（電子化を含む）は著作権法上での例外を除き禁じられています。複写される場合は、そのつど事前に、(社)出版者著作権管理機構（電話 03-5244-5088、FAX 03-5244-5089、e-mail:info@jcopy.or.jp）の許諾を得てください。

また本書を代行業者等の第三者に依頼してスキャンやデジタル化することは、たとえ個人や家庭内での利用でも著作権法違反です。